Liebe Leserin, lieber Leser,

ich habe drei Kinder; zwei von ihnen (eine Tochter von zwölf, ein Sohn von elf Jahren) sind jetzt in dem Alter, in dem sie beginnen, die eigene Sexualität zu entdecken – und früher oder später auch die eines Partners. Und das kann einen Vater schon ins Grübeln bringen.

Denn was bedeutet es, mit dem Internet heranzuwachsen? Welchen Einfluss hat es auf die Entwicklung meiner Kinder, dass sie mit ein paar Mausklicks in die düstersten Nischen des World Wide Web vordringen können? Wie werden sie reagieren, wenn ihnen Mitschüler als Mutproben ungefragt Hardcore-Pornografie auf ihre Laptops oder Mobiltelefone schicken?

Kurz: Werden die jetzt heranwachsenden Generationen Liebe und Sex ganz anders erleben als wir – abgestumpfter vielleicht, illusionsloser, von jeder Romantik befreit?

Mein Kollege Dirk Liesemer gibt Entwarnung. Er hat über die „Liebe in Zeiten des Internets" mit Sozialwissenschaftlern und Teenagern gesprochen (Seite 126). Das Ergebnis seiner Recherchen: Natürlich prägen Eindrücke wie etwa der Konsum harter Pornografie einen Jugendlichen. Doch wie genau die jeweils Betroffenen darauf reagieren, das hängt zum einen davon ab, ob sie beispielsweise draufgängerisch und lebenslustig sind oder zurückhaltend und ängstlich. Zum anderen wird ihre Reaktion auch davon geprägt, in welchem Milieu sie aufwachsen – wie etwa ihre Eltern miteinander umgehen, ob die zärtlich oder grob zueinander sind, ob man sich in der Familie häufig in den Arm nimmt oder körperliche Nähe eher vermeidet.

Und ja, Bilder nackter Körper und mitunter artistischer Verrenkungen beim Sex sind, so Liesemer, auf den Schulhöfen längst allgegenwärtig, und wer beim Pornosehen nicht mitmachen will, gilt schnell als Feigling oder als verklemmt.

Der Biologe Rainer Harf, seit einem Jahr GEOkompakt-Redakteur, hat das Konzept für dieses Heft erarbeitet

Aber, und das ist die gute Nachricht: Sobald Jungen und Mädchen tatsächlich füreinander entflammen, bleibt die Kunstwelt aus dem Internet bei den meisten außen vor, gelten wieder die Regeln des romantischen Rosarot – mit dem altbekannten Drum und Dran an schüchterner Werbung und vorsichtigem Prüfen vor dem langsamen Einander-Näherkommen.

*

Vor einiger Zeit haben Biochemiker herausgefunden, dass Verliebtsein neurologisch einem milden Anfall von Wahn entspricht – mit manchen Symptomen einer Neurose, etwa zwanghaftem Verhalten.

Die Forscher untersuchten, welche Hormone bei frisch Verliebten in welchen Mengen ausgeschüttet werden, und kamen zu dem Schluss, dass es sich bei der zärtlichen Bindung an einen anderen um eine Art Ausnahmezustand des Körpers handelt, wie er auch bei Patienten diagnostiziert wird, die unter Zwangsstörungen leiden.

Eine auf den ersten Blick etwas ernüchternde Erkenntnis, die aber an Charme gewinnt, wenn man sich verdeutlicht, dass diese körpereigenen Drogen unter anderem auch für extreme Hochstimmung sorgen – wenn man so will, ein „lover's high".

*

Die schönsten Erkenntnisse in diesem Heft zum Thema Liebe und Partnerschaft stammen, so finde ich, von dem Berliner Sexualforscher Klaus Beier. Er sagt in einem – höchst lesenswerten – Interview mit meinen Kollegen Rainer Harf und Henning Engeln:

„Als sozial organisierte Säugetiere sind wir biologisch auf Bindung programmiert. Diese Bedürfnisse wurzeln in dem tiefen Wunsch nach Akzeptanz, nach Sicherheit und Schutz, nach Geborgenheit und Vertrauen. Letztlich danach, als Mensch angenommen zu werden, sich zugehörig zu fühlen. Denn isoliert, nur für uns allein, können wir nicht glücklich werden. Und besonders intensiv vermögen wir Akzeptanz und Annahme in einer Liebesbeziehung zu erleben. Wenn wir es schaffen, eine solche Beziehung zu gründen, dann ist das ein Garant für Lebensqualität."

Genau darum, und nur darum, geht es.

Herzlich Ihr

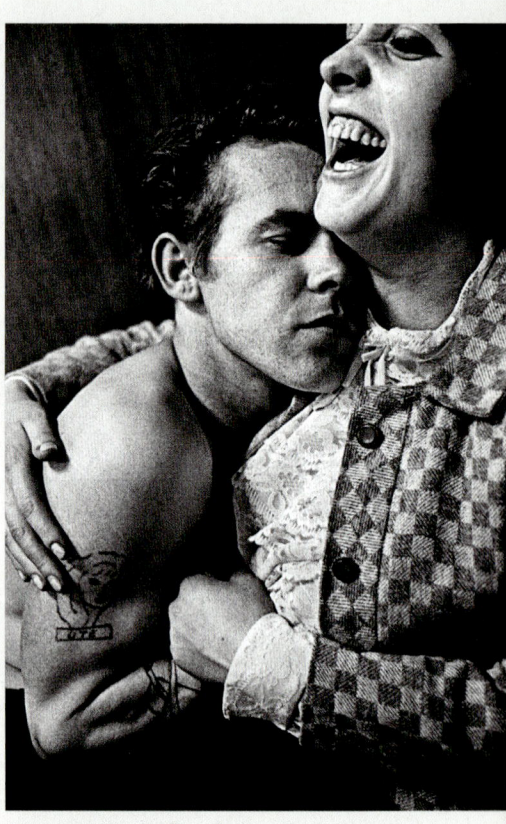

Das Gefühl, das uns zu Menschen macht. Eine liebevolle und leidenschaftliche Partnerschaft ist ein Garant für Lebensqualität. Das Verlangen danach reift während der Pubertät.

Die romantische Revolution. Das Ideal der frei gewählten Liebe ist erst 250 Jahre alt.

Die Erfindung der Scham. Weshalb nur *Homo sapiens* seine Genitalien bedeckt.

Wenn Pflanzen einen Partner suchen. Um Sex zu haben, brauchen Gewächse Hilfe.

Von Gummi, Lack und Leder: Der Sexualmediziner Klaus Beier über Fetischismus.

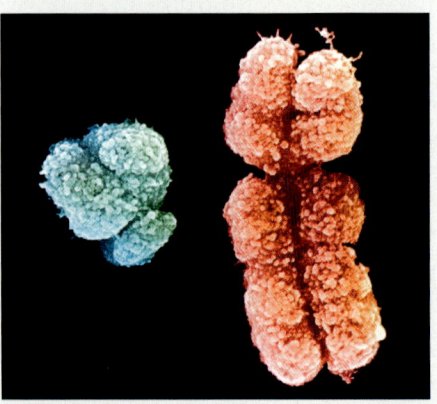

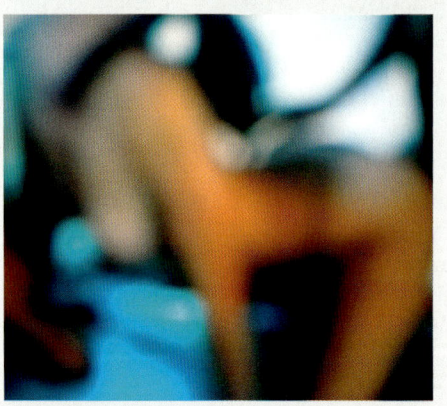

Der Kult um den Körper. Ein Gespräch mit dem Schönheitsforscher Winfried Menninghaus.

Der kleine Unterschied. Ein Gen entscheidet über das Geschlecht eines Embryos.

Die Liebe in Zeiten des Internets. Wie Pornografie auf Kinder und Jugendliche wirkt.

Die fruchtbare Verschwendung. Warum verausgaben sich so viele Tiere bei Partnersuche, Rivalitätskämpfen und Fortpflanzung, wenn es auch einfacher – ohne Sex – geht? Seite 26

Das Paradoxon der Homosexualität. Evolutionsbiologen rätseln, weshalb sich die gleichgeschlechtliche Liebe über Jahrmillionen behaupten konnte. Seite 84

Vom Wesen der Zweisamkeit. Seit Jahrzehnten untersuchen Beziehungsforscher, warum manche Partnerschaften ein Leben lang halten und andere nach kurzer Zeit zerbrechen. Seite 94

Redaktionsschluss dieser Ausgabe: 20. August 2009

Alle Fakten und Daten in diesem Heft sind vom GEOkompakt-Verifikationsteam auf ihre Präzision, Relevanz und Richtigkeit überprüft worden.

Informationen zum Thema und Kontakt zur Redaktion unter www.geokompakt.de

Titelbild: Bernd Vogel

Das **Gefühl,** das uns zu **Menschen** macht

Text: Rainer Harf

Wohl jeder Mensch sehnt sich nach Körperlichkeit und Nähe, nach Geborgenheit und Annahme. Die Liebe ist ein Mysterium, eine Urgewalt, die unser Leben bestimmt. Und doch beruht das unerklärliche Gefühl auf biochemischen Prozessen und Hirnschaltkreisen, deren Regelwerk Forscher mehr und mehr entschlüsseln

DIE ÜBERWINDUNG
DER EINSAMKEIT
•••

Evolutionsbiologisch sehr alte Hirnstrukturen treiben *Homo sapiens* seit Abertausenden Jahren dazu, Partner zu suchen, sich zu verlieben, tiefe Beziehungen einzugehen und Familien zu gründen. Der Drang, unsere Isolation zu überwinden und mit einem anderen Menschen zu verschmelzen, ist wohl der entscheidende Trieb, der uns zu dem hat werden lassen, was wir heute sind.

DIE EWIGE SEHNSUCHT NACH SCHÖNHEIT

Muskelfrauen mit geölter Haut: Bei der „Fitness America Competition“ in Redondo Beach, Kalifornien, präsentieren Wettbewerberinnen ihre durchtrainierten Körper.

Jahr für Jahr saugen Chirurgen millionenfach Fett an markierten „Problemzonen“ ab.

Kampf gegen die Vergänglichkeit: Immer mehr Menschen glätten ihre Falten mit reichhaltigen Masken, ätzenden Säuren oder dem Nervengift Botox.

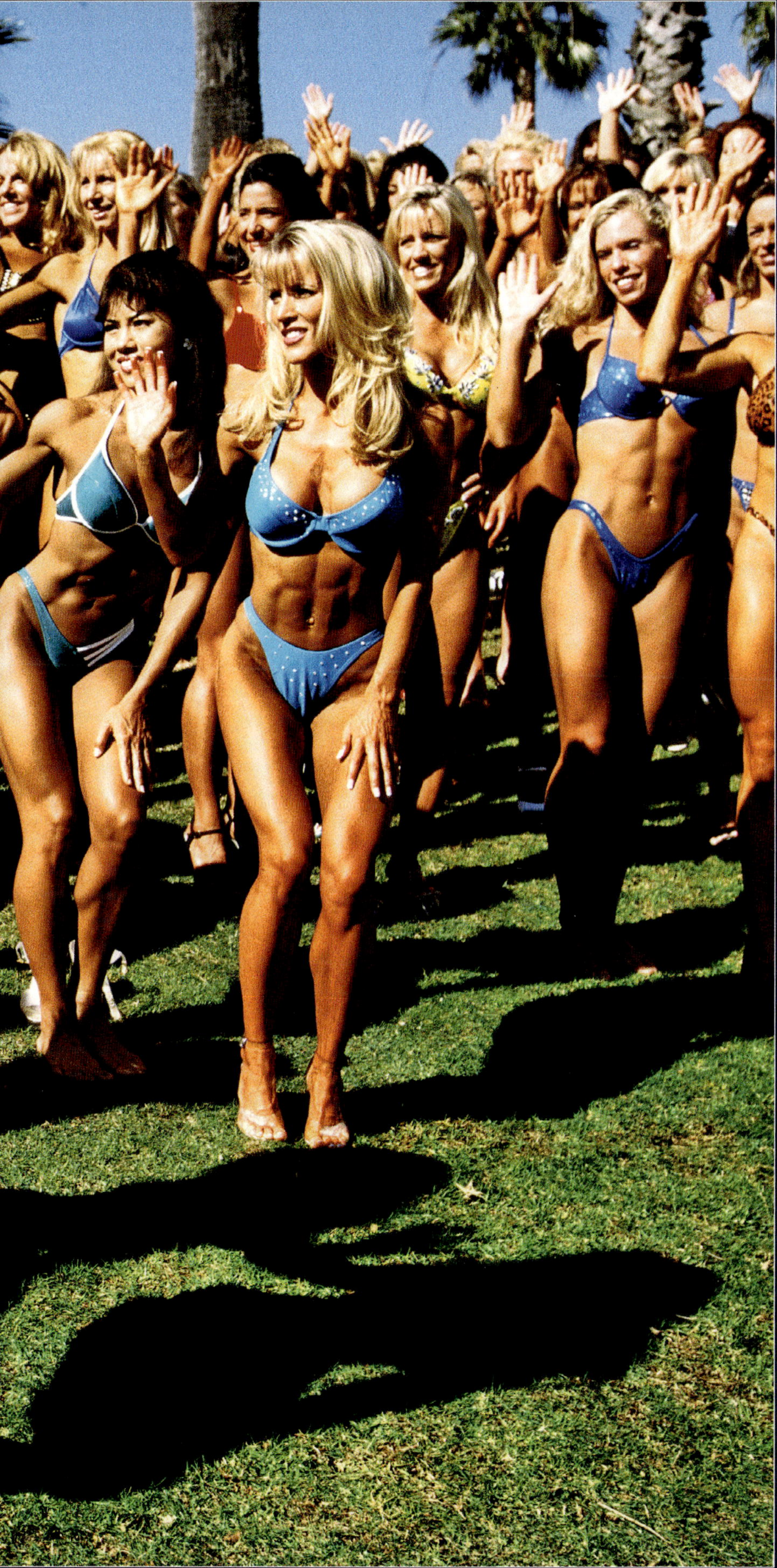

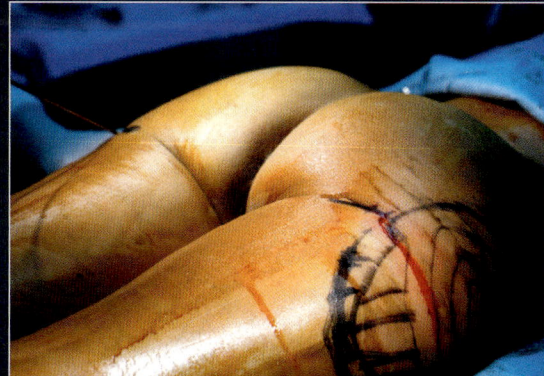

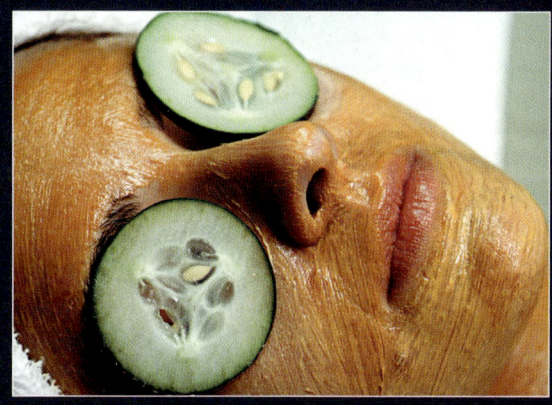

AUFBRUCH IN DIE WELT DER ERWACHSENEN

• • •

Experimentierfeld Strand: Hier können Heranwachsende ihre erotische Wirkung testen.

• • •

Erste Erfahrungen mit dem anderen Geschlecht: In der Pubertät versuchen Jugendliche, ihre eigene Sexualität kennenzulernen. Mit jedem erotischen Erlebnis reifen komplexe Neuronennetze heran, welche die jeweiligen sexuellen Vorlieben festlegen.

• • •

Junge Paare auf einer britischen Tanzveranstaltung: Hormone drängen Pubertierende immer machtvoller dazu, einen anderen Menschen zu berühren, ihn zu streicheln, intim zu werden.

DER RICHTIGE PARTNER FÜRS LEBEN

•••

Nach einer US-Studie haben fast zwei Drittel aller Männer und etwa ein Drittel aller Frauen über 60 noch mindestens einmal im Monat Sex.

•••

Nicht jeder Mensch wünscht sich, mit nur einem Partner zu leben: Polygamisten bevorzugen die Viel-ehe – wie diese Anhängerinnen einer texanischen Sekte, deren Führer wohl Dutzende Ehefrauen hat.

•••

Erlaubte Untreue: Jahr für Jahr versammeln sich Hunderte Paare beim „Swingstock" – hier in Wisconsin. Sie grillen, tanzen – und haben Sex mit fremden Partnern.

DIE LUST AUF DAS EIGENE GESCHLECHT

•••

Lesbenpaar in Seattle: Evolutionsbiologisch erscheint Homosexualität nicht erfolgversprechend – Schwule und Lesben haben weniger Nachkommen als Heterosexuelle. Dennoch gibt es gleichgeschlechtliches Verlangen seit Jahrmillionen.

•••

Schwulenparty in Spanien: Vor wenigen Jahrzehnten noch hielten Psychiater Homosexualität für eine Geisteskrankheit.

•••

Von Schwulen aufgezogene Kinder würden häufig homosexuell, behaupten manche – zu Unrecht: Erziehung hat keinen Einfluss auf die sexuelle Orientierung.

ORGASMEN VOR
DER KAMERA

• • •

Viele Pornos vermitteln
das Bild, Frauen seien devot
und würden gern von
Männern beherrscht – oder
gar zum Sex gezwungen.

• • •

200 Urlauber und 50 Pornostars
treffen sich jedes Jahr auf einer
kleinen Insel vor Mexiko.
Die zahlenden Gäste dürfen bei
Dreharbeiten zuschauen.

• • •

Mit Pornofilmen werden Jahr
für Jahr Milliarden verdient.
Die Handlungen zielen auf das Lust-
zentrum in unserem Gehirn, das
noch bis ins hohe Alter nach
Befriedigung verlangt.

GEBOREN IM FALSCHEN KÖRPER

• • •

Stirbt das Familienoberhaupt, entscheiden sich manche Frauen in Albanien, dessen Stellung einzunehmen. Sie schwören, fortan als Mann zu leben, und nehmen mit der Zeit immer maskulinere Züge an.

• • •

Seit Jahrhunderten gehören „Lady Boys" zur thailändischen Kultur: Als Jungen entschließen sie sich, durch Tabletten oder Operationen ihren Körper weiblicher werden zu lassen.

• • •

Die Berliner Performance-Künstlerin Leon Laszivo schlüpft gern in die Rolle eines muskulösen Mannes.

DAS GESCHÄFT MIT
DEN TRIEBEN

• • •

Viele Frauen fliegen nach Gambia, um den Urlaub mit einem der einheimischen Gigolos zu verbringen.

• • •

400 000 Prostituierte arbeiten in Deutschland, die meisten in Bars und Bordellen wie hier in Frankfurt am Main. Jeder fünfte Mann hat schon einmal für Sex bezahlt.

• • •

Der Körper als Ware – jährlich werden mit Prostitution in Deutschland 14,5 Milliarden Euro umgesetzt.

DIE DUNKLEN SEITEN
DER LUST

•••

Lackkostüme und Sadomaso-
chistische Machtspiele mögen vielen
fremd erscheinen. Doch Fetische
gehören zum natürlichen Spektrum
der Sexualität und stimulieren
Menschen vermutlich schon seit
Jahrtausenden.

•••

Spiel mit dem Feuer: Selbst
Verbrennungen empfinden manche
Menschen als erregend.

•••

In diesem japanischen „Love-
Hotel" können Menschen ihre
Fantasien ausleben – etwa Lehrer-
Schüler-Spiele im „High
School Room".

Aufregende Perspektiven

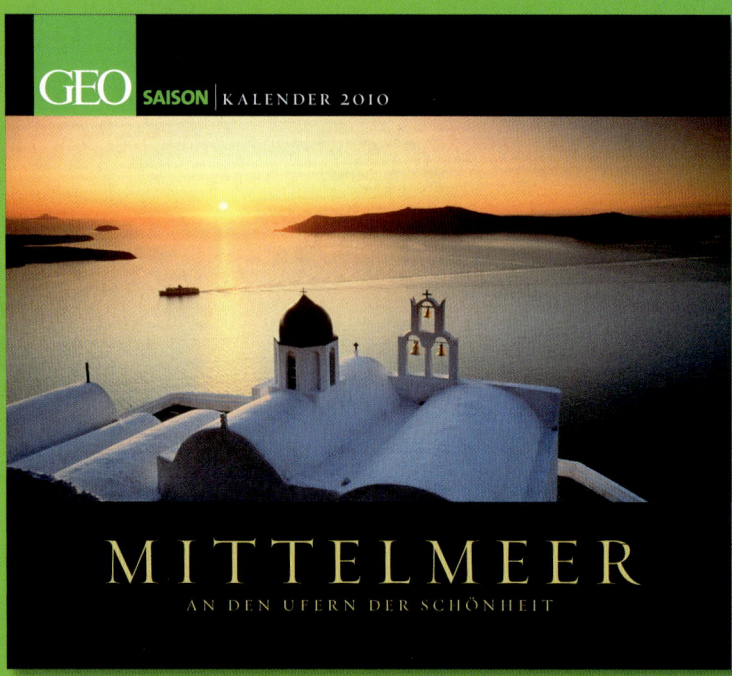

GEO SAISON: Mittelmeer

Expedition ans Mittelmeer: Rund um das blaue Juwel des Südens fängt der Kalender die sonnenverwöhnte Magie des Midi ein. Ob Frankreich, Spanien oder Italien – zwölf mediterrane Traumlandschaften laden zum Staunen, Verlieben und Entdecken ein.

Format: 50 x 45 cm
Preis: € 29,- / € [A] 29,30 / CHF 49.-
Best.-Nr.: G 661400

10% Rabatt

- Für GEO Abonnenten bei jedem Kalender!
- Für Besteller von mehr als einem Kalender auf den regulären Einzelpreis!

GEO SAISON: Licht des Nordens

Fjorde, gesäumt von dichten Wäldern. Stille Seen, die im klaren Licht baden. Wunderwelten der Weite, ursprünglich und ungezähmt. Die ganze Romantik des Nordens – ausgebreitet in atemberaubenden Fotos, die Lust machen auf eine Entdeckungsreise durch Skandinavien.

Format: 50 x 45 cm
Preis: € 29,- / € [A] 29,30 / CHF 49.-
Best.-Nr.: G 661300

mit den Kalendern von GEO.

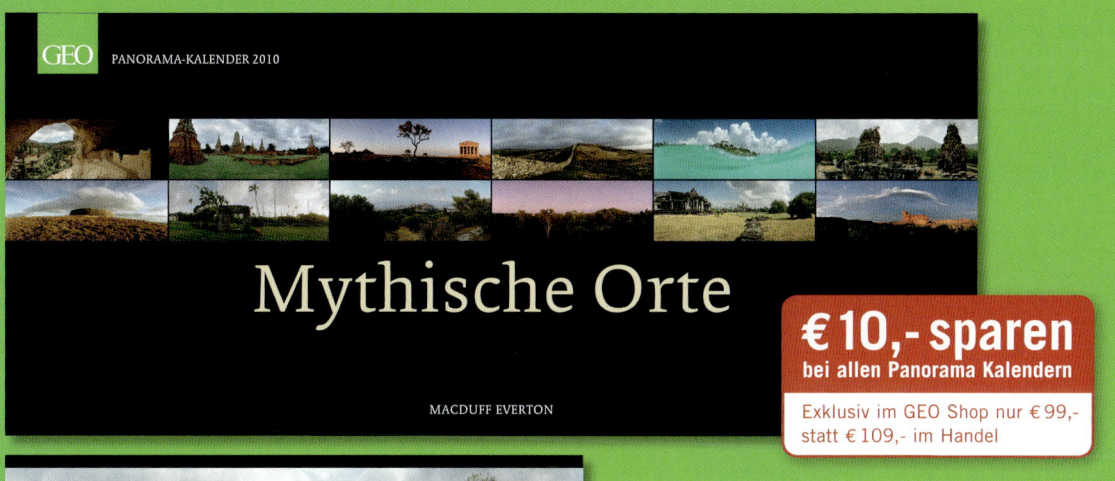

€ 10,- sparen
bei allen Panorama Kalendern

Exklusiv im GEO Shop nur € 99,- statt € 109,- im Handel

GEO Panorama: Mythische Orte

Virtuose des Lichts, Meister des Panoramablicks: Macduff Everton gibt mythischen Orten ihre rätselhafte Kraft zurück. Weil er die Athener Akropolis im Abendlicht einfängt wie niemand sonst oder den Mond über der Maya-Stadt Tikal. Eine magische Reise zu großen Plätzen der Menschheit.

Format: 137 x 60 cm
Preis: € 99,- / € [A] 99,90 / CHF 169.-
Best.-Nr.: G 660600

GEO Klassiker: Traumpfade

Durch Landschaften voller Magie führen jene Wege, auf denen Menschen und Karawanen wie traumwandlerisch unterwegs sind: Bergsteiger in der weißen Welt des Eises, buddhistische Mönche unter dem schäumenden Vorhang eines Wasserfalls, festliche Prozessionen auf den grünen Treppen fruchtbarer Reisfelder, Reiter auf einsamen Hochebenen. Ein wundervoller Kalender mit zwölf Einladungen zum Mitgehen.

Format: 60 x 55 cm
Preis: € 49,- / € [A] 49,50 / CHF 83.-
Best.-Nr.: G 660700

Weitere GEO Kalender finden Sie unter **www.geoshop.de**

GEOShop
Das Beste von GEO

Einige Organismen teilen sich, um Nachkommen hervorzubringen, sie bilden Knospen oder zerfallen ganz einfach. Mehr als 99 Prozent aller Arten hingegen unternehmen große Anstrengungen bei Partnersuche, Balz und Sex. Doch der Aufwand lohnt sich, denn so können sich die Spezies leichter auf neue Lebensbedingungen einstellen

Die fruchtbare

Das Buhlen um die Gunst der Weibchen hat dazu geführt, dass sich manche männliche Tiere mit grotesken Ornamenten schmücken, der Pfau etwa mit gemusterten Schwanzfedern

Verschwendung

Text: Ralf Berhorst

die Anstrengungen, die Tiere auf sich nehmen, um Sex zu haben, sind erstaunlich. Zu Frühjahrsbeginn füllt sich beispielsweise die Prärie im US-Bundesstaat Wyoming mit Hunderten Beifußhühnern. Die Männchen beginnen schon bald zu tänzeln, spreizen ihre Schwanzfedern zum Fächer, rasseln mit den Halsfedern und pumpen den Luftsack an Hals und Brust auf, aus dem sie dann die Luft mit einem Knall entweichen lassen. Tagelang präsentieren sie sich auf diese Weise den paarungsbereiten Weibchen, bis die sich endlich jeweils für einen von ihnen bevorzugten Tänzer entscheiden.

Oder *Danaus gilippus*, ein rotbrauner Edelfalter, ebenfalls aus Amerika. Er stülpt zur Werbung Haarpinsel an seinem Hinterleib aus, die Lockstoffe verströmen. Dann flattert er vor einem Weibchen auf und ab und versucht dessen Fühler im Flug mit den betörenden Pheromonen zu bestreichen, um es für sich zu gewinnen.

Oder der Seidenlaubenvogel aus dem Osten Australiens. Er baut vor dem Sex eine kunstvolle Laube aus Farnen und Ästen, schmückt sie mit allerlei blauen Gegenständen, etwa Beeren, Blüten – aber auch mit Zivilisationsmüll wie blauen Strohhalmen, Kugelschreibern oder Batteriehülsen. Erst wenn er mit seinem Werk zufrieden ist, lässt der Vogel das Gebäude von dem begehrten Weibchen inspizieren.

Unermüdlich scheinen Eifer und Erfindungsreichtum, wenn es darum geht, einen Sexualpartner anzulocken. So suchen Nachtigallen durch ihre Gesangskunst und ein möglichst großes Repertoire an Melodien zu beeindrucken. Karibische Muschelkrebse erzeugen im Meer gezackte Lichtblitze. Und eine bestimmte Buntbarsch-Spezies schaufelt mit dem Maul eine Unterwasser-Sandburg auf, die die eigene Körperlänge um ein Mehrfaches übertrifft.

Kommt es nach all diesen Anstrengungen dann endlich zum ersehnten Akt, verausgaben sich viele Arten dabei bis zur völligen Erschöpfung.

Männliche Stabschrecken etwa halten sich bis zu zehn Wochen lang auf dem Rücken des größeren Weibchens fest, damit Rivalen nicht zum Zuge kommen.

Das Staffelschwanz-Männchen, ein kaum faustgroßer australischer Singvogel, verliert bei einem einzigen Paarungsakt acht Milliarden Spermien.

Habichte und Fischadler paaren sich mehr als 100-mal mit einem ein-

Männliche Seidenlaubenvögel in Australien schmücken ihre Nester mit blauen Gegenständen, um Weibchen zu bezirzen

zigen Weibchen, um den Samen möglicher Nebenbuhler aus dem Feld zu schlagen.

Viele Nagetiere versiegeln nach der Begattung die Geschlechtsöffnung des Weibchens vorsorglich mit einem Drüsensekret, das aushärtet und wie ein Keuschheitspfropf wirkt.

Und um ganz sicher zu gehen, klammern sich männliche Libellen nach der Begattung so lange auf dem Weibchen fest, bis es mit dem Eierlegen beginnt. Erst dann ist der Sexualakt für sie vorbei.

Der Sex scheint dem Grundgedanken der Evolutionstheorie zu widersprechen

Angesichts dieses enormen Aufwands, den viele Arten für die Fortpflanzung betreiben, rätseln Evolutionsbiologen seit Jahrzehnten über die Frage: Warum überhaupt hat die Natur eine so kräftezehrende Vermehrungsmethode wie die Sexualität „erfunden"? Und: Was genau ist Sex?

ZUMINDEST ÜBER DIE ANTWORT auf die zweite Frage herrscht heutzutage weitgehend Einigkeit: Es handelt sich beim Sex um die Übertragung von Erbgut von einem Individuum auf ein anderes – mehr nicht. Gleichgültig, ob nun Insekten miteinander kopulieren, Würmer, Vögel oder Menschen.

Alles andere ist nur Beiwerk: die Lust und die Liebe, die Eifersucht und die Raserei, die langwierigen Rituale davor, die Erschöpfung danach.

Am Ende zielen diese Anstrengungen stets auf nichts anderes als einen Prozess, den das menschliche Auge allenfalls unter dem Mikroskop beobachten kann: Sex führt zur Verschmelzung der DNS zweier Lebewesen – zur Kombination jener Erbinformationen also, die im Kern fast jeder Körperzelle gespeichert sind und sämtliche Lebensprozesse steuern. Beim Menschen sind diese Erbinformationen auf 23 Chromosomen (oder DNS-Stränge) verteilt.

Von jedem Chromosom existiert eine zweite Variante. So haben menschliche Körperzellen nicht nur 23, sondern 46 Chromosomen. Kommt es zu einer Beschädigung des einen Datenspeichers, kann die Zelle auf die Variante zurückgreifen.

Dies ist eine Überlebensversicherung – aber auch ein gravierendes Problem: Denn würden zwei normale menschliche Körperzellen mit ihren 46 Chromosomen verschmelzen, entstünde logischerweise ein Embryo mit 92, in der nächsten Generation sogar einer mit 184 Chromosomen und so fort.

Irgendwann würde der Zellkern vor lauter DNS platzen.

Vor der Paarung kratzt eine männliche Libelle (oben) Spermien des Vorgängers aus dem Genitaltrakt des Weibchens und begattet es erst dann

Sind Organismen nichts weiter als Behälter für die Erbsubstanz – Hüllen, in denen »egoistische Gene« walten?

Bevor daher in Hoden oder Eierstöcken Keimzellen gebildet werden, sorgt ein mehrstufiger Prozess für eine Halbierung des doppelten Chromosomensatzes. Das Ergebnis sind Zellen ohne Sicherheitskopien: weibliche Eizellen und männliche Spermien mit je 23 Chromosomen.

Verschmelzen die beim Sex miteinander, stimmt die Rechnung wieder: Es entsteht eine befruchtete Zelle mit 46 DNS-Fäden, aus der dann der Embryo wachsen kann. Jedes Kind erbt also eine Hälfte seiner Erbinformationen von der Mutter, die andere vom Vater.

Für Verliebte mag diese Form der Verschmelzung eine romantische Wunschvorstellung erfüllen. Aus emotionsfreier biologischer Sicht aber scheint sie den Sex mit einem erheblichen Nachteil zu belasten: Mütter und Väter geben nur die Hälfte ihres eigenen Erbguts weiter. In der Enkel-Generation lebt also nur noch ein Viertel der eigenen Gene fort.

Ein preußischer Untertan, der um 1700 Kinder zeugte, hätte zehn Generationen später mit seinen heute lebenden Nachfahren weniger als ein Tausendstel seiner eigenen DNS gemein.

Subjektiv mag ein Mensch zwar das Gefühl haben, in seinen späten Nachfahren fortzuleben – aber er teilt diese Verwandtschaft mit Abertausenden seiner Zeitgenossen. So ist jede Ahnentafel eigentlich das Schaubild einer genetischen Verlustbilanz.

Es ist geradezu paradox: Genau betrachtet dient Sex eben nur sehr eingeschränkt der Fortpflanzung von etwas Eigenem. Vielmehr bewirkt die ständige Verschmelzung dessen Verdünnung und Verwässerung in immer homöopathischere Dosierungen – bis hin zum völligen Verschwinden.

Damit aber widerspricht der Sex scheinbar jenem Grundsatz der Evolutionstheorie, nach dem Lebewesen nur das eigene Erbgut fördern.

Denn in der Evolution waltet ein striktes Erfolgsprinzip: Jedes Individuum ist bestrebt, sich möglichst erfolgreich zu vermehren – die Selektion im Überlebenskampf ist geradezu definiert als direktes Ergebnis des eigenen Fortpflanzungserfolgs. Als Ergebnis der Weitergabe des eigenen Erbguts.

Der britische Evolutionsbiologe Richard Dawkins spricht sogar von „egoistischen Genen". Demnach sind alle Organismen – ob nun Einzeller, Edelfalter oder Mensch – nichts anderes als „Behälter" für DNS: Körperhüllen, in denen die Erbsubstanz „egoistisch" danach trachtet, sich möglichst oft zu vervielfältigen und in neuen Körperhüllen weiterzuleben.

Genau das aber ist bei der sexuellen Vermehrung nur begrenzt der Fall. Umso rätselhafter erscheint es, weshalb die Verschmelzung als eine Variante der Fortpflanzung zweier Wesen einst überhaupt entstanden ist – und wieso sie nicht wieder verschwand.

Zumal die Natur zeigt, dass es auch ohne Sex geht – mit viel weniger Aufwand und der vollständigen Weitergabe des eigenen Erbguts.

Bei diesen Vermehrungs-Varianten geht nicht eine einzige Erbinformation der elterlichen DNS in der nächsten Generation verloren – eine ideale Lebenswelt also für „egoistische Gene".

Es gibt drei Formen der nichtsexuellen Vermehrung:

1. *Die Querteilung.* Sie ist so alt wie das Leben selbst: Seit Jahrmillionen verdoppeln Bakterien ihre Erbsubstanz und schnüren sich in der Mitte ein, bis schließlich zwei Zellen entstehen.

2. *Die Knospung.* Ein Teil des Mutter-Organismus schnürt sich ein, bis er abfällt. Aus diesem Körperfragment wächst ein neues Individuum heran.

Bonobos kopulieren nicht nur, um Nachwuchs zu zeugen. Sie bauen auf diese Weise auch Spannungen in der Gruppe ab

Bei vielen Tiermännchen sollen Ornamente Stärke signalisieren: Löwen dient die Farbe der Mähne zur Demonstration ihrer Macht

Raubvögel wie Habichte und Fischadler (oben) kopulieren mitunter mehr als 100-mal mit einem einzigen Weibchen. So versuchen sie, das Sperma möglicher Nebenbuhler zu verdrängen

Auch vielzellige Tiere vermehren sich durch Knospung: Im Süßwasser lebende Hydra-Polypen etwa bilden kleine Auswüchse an ihren Körpern, die alsbald davonschwimmen. Aus ihnen reifen kleine eigenständige Polypen heran. Mitunter verliert ein Seestern einen Arm, an dem mit der Zeit neue Arme wachsen, bis nach wenigen Wochen ein vollständiger neuer Seestern über den Meeresboden kriecht. Und Kartoffeln, Erdbeeren und viele andere Pflanzen vermögen Knospen und Stecklinge zu produzieren, aus denen neue Gewächse gedeihen.

3. *Fragmentierung.* Dabei zerfällt der gesamte Körper, etwa von Flechten oder Cyanobakterien, in Einzelteile. Aus jedem Fragment wächst wieder ein vollständiges Lebewesen.

Eine weitere Variante, bei der alle Gene weitergegeben werden, ist die *Jungfernzeugung.* Bei dieser – von Biologen „unisexuell" genannten – Form der Fortpflanzung wächst aus einer unbefruchteten Eizelle im Leib des Muttertiers ein Tochterindividuum heran. Männliche Spermien sind für diesen Vorgang nicht notwendig, die keimfähigen Eizellen entwickeln sich auch mit einfachem Chromosomensatz.

Viele Insektenarten, Krebse, manche Fische, Eidechsen und zuweilen sogar Truthühner sind fähig, sich auf diese Weise zu vermehren.

ALL JENE SPEZIES, die asexuelle oder unisexuelle Fortpflanzung betreiben, müssen für Partnersuche, Balz und Kopulation weder Zeit noch Energie aufwenden. Und dennoch gibt es kein einziges höheres Tier (etwa Vogel, Schlange oder Säuger), das sich etwa durch Querteilung vermehrt. Und in der gesamten Natur sind nur rund 1000 Arten bekannt, die sich durch Jungfernzeugung fortpflanzen – im Vergleich zu Abermillionen Spezies, die Sex haben.

Trotz aller augenscheinlichen Nachteile muss also das Prinzip der sexuellen Verschmelzung den jeweiligen Spezies einen so großen Vorteil sichern,

Zur Balzzeit stehen Winkerkrabben vor ihren Höhlen, schwenken die vergrößerten Scheren und locken so Weibchen herbei

dass es sich bei fast allen heute existierenden Arten durchgesetzt hat.

Um eine Erklärung für das Mysterium Sex zu finden, richten Naturwissenschaftler ihren Blick tief in die Vergangenheit des Lebens.

VOR RUND 1,5 Milliarden Jahren – so vermuten jedenfalls manche Forscher – gab es bereits eine Urform sexueller Begegnung.

Damals existierten nur Bakterien und Einzeller, die sich durch Querteilung und Knospung vermehrten. Manchmal aber, infolge eines evolutionären Zufalls, übertrug ein Bakterium einen Teil seines Erbguts auf ein anderes. Der Empfänger konnte auf diese Weise etwa ein beschädigtes Stück der eigenen DNS ersetzen oder an zusätzliche Erbinformationen gelangen.

Bei der Paarung
wechseln
karibische Sägefische
ihre
Geschlechterrollen

Dazu bildete das Spender-Bakterium eine schlauchförmige Verbindung und schleuste DNS in die benachbarte Zelle. Das Empfänger-Bakterium baute die Erbinformationen in sein eigenes Erbgut ein. Es kam zu einer Verschmelzung.

Am Anfang hatte Sex also nichts mit Vermehrung zu tun, sondern: mit Reparatur.

Im Laufe der Entwicklungsgeschichte ging die Methode des DNS-Austausches auch auf andere Spezies über, etwa auf Pantoffeltierchen oder andere Einzeller mit Zellkern. Wie genau, das können sich die Forscher noch immer nicht erklären. Ganz offensichtlich aber war die Vereinigung von Anfang an ein Erfolgsrezept: Millionen Jahre später bildete sie die Grundlage aller drei großen Organismenreiche: der Pflanzen, Tiere und Pilze.

Denn während die Knospung nur identische Klone des „Muttertieres" hervorbrachte, erschuf die sexuelle Verschmelzung von Erbinformationen immer neue DNS-Kombinationen. Die Durchmischung war so etwas wie eine Innovationsschmiede für das Erbgut einer Art.

Eine Revolution, die bis heute einen immensen Vorteil mit sich bringt.

Denn durch den Sex können sich Individuen leichter an Lebensbedingungen anpassen, die sich im Laufe von Jahrtausenden ja ständig ändern: Temperatur und Klima wandeln sich, die Evolution bringt neue Feinde hervor, Konkurrenten machen einer etablierten Art plötzlich Reviere streitig; neue Krankheiten bedrohen eine Spezies.

Viren etwa versuchen auf immer neuen Wegen in die Zellen eines Wirtsorganismus einzudringen und sich dort zu vermehren, Bakterien besiedeln Schleimhäute und andere Gewebe. Das jeweilige Abwehrsystem des Wirts versucht dann, die Eindringlinge zu erkennen und zu vernichten.

Bakterien vermehren sich aber extrem rasch – einige bringen es auf bis zu 50 Generationen pro Tag. Durch Sonnenlicht und chemische Prozesse treten bei ihnen manchmal zufällige Veränderungen des Erbguts auf; zwar kommt es nur bei einer von zehn Millionen Zellteilungen zu einer Mutation. Und doch: Bakterien vervielfältigen sich unter günstigen Bedingungen so rasant, dass an einem Tag Tausende Genmutanten entstehen.

Die Mutationen können nun durch Zufall bewirken, dass ein Bakterium das Immunsystem des Wirts austrickst. Indem es zum Beispiel eine andere Oberfläche ausbildet oder sich mit Schleim tarnt und so von den Abwehrzellen des Wirts nicht erkannt wird.

Wenn in einer solchen Situation alle Individuen einer Wirts-Art genetisch identisch sind, können neue aggressive Bakterien nach und nach die gesamte Spezies auslöschen. Denn die Wirte haben ja alle das gleiche Immunsystem und sind nicht mehr in der Lage, die trickreichen Krankheitserreger abzuwehren.

Sex dagegen bedeutet Varietät. Und die erhöht die Überlebenschancen: Denn mit hoher Wahrscheinlichkeit werden immer ein paar Mitglieder einer Population neue Viren und Bakterien abwehren können – und so überleben.

Doch auch die Krankheitserreger verändern sich fortwährend. Es beginnt eine Art Wettkampf, der zu immer neuen Erbgut-Mischungen führt.

HEUTE GEHEN die meisten Biologen davon aus, dass genau dies das Erfolgsgeheimnis der sexuellen Vermehrung ist: Sie bietet einen größeren Abwehrschutz gegen Krankheitserreger – etwa

Beifußhühner spreizen bei ihrer bizarren Brautschau die Schwanzfedern und pumpen Luft in einen Kehlsack

Pracht und Werbekunst sind für Männchen auch gefährlich – denn sie locken nicht nur Weibchen an

Parasiten, die gefährlichsten Feinde der Menschen, Tiere und Pflanzen.

Der vermeintliche Nachteil ist also in Wahrheit ein Vorteil: Nur weil jedes Individuum beim Sex nicht mehr als die Hälfte seiner eigenen DNS preisgibt, ist die Durchmischung möglich.

Hier greift, ganz anders als von vielen Wissenschaftlern zunächst vermutet, eine Regel der Evolutionstheorie: das Überleben des Bestangepassten.

Unter den Bedingungen der natürlichen Selektion setzen sich nämlich immer jene Arten durch, die andere aus dem Feld schlagen. Die geschickter vor Feinden auszuweichen vermögen, sich damit schneller fortpflanzen und verbreiten, schneller wachsen.

So lässt sich auch begründen, wieso es exakt zwei Geschlechter gibt: weil es überaus effizient ist. Es wäre viel komplizierter, müssten für jede Befruchtung drei oder gar fünf verschiedene Keimzellen aus unterschiedlichen Organismen miteinander verschmelzen.

ENTSTANDEN IST der Unterschied der Geschlechter vermutlich durch eine Art Arbeitsteilung beim Sex: In Vielzellern spezialisierten sich einige Zellen zu Keimzellen. Verschmolzen sie miteinander, entstand neues Leben.

Als das Prinzip der Zellverschmelzung erst einmal existierte, war es vorteilhaft, dass es zwei Sorten von Keimzellen gab: große Zellen (Eizellen) mit genügend Nährstoffreserven für den heranwachsenden Embryo sowie möglichst kleine Zellen (Spermien), die sich schnell bewegen, um die große Zelle zu erreichen und zu befruchten. Je kleiner die Spermien waren, desto weniger Energie verbrauchten sie bei ihrer Suche nach einer Eizelle.

Heute verteilen sich die Rollen „männlich" und „weiblich" aber nicht immer auf zwei verschiedene Wesen: In der Natur gibt es eine Vielzahl von Zwittern, so bei Schwämmen, bei Würmern und Egeln, Käferschnecken und Muscheln, Seepocken und einigen Fischen. Auch die meisten Blütenpflanzen sind doppelgeschlechtlich.

Nur wenige Zwitterwesen vermögen sich jedoch selbst zu befruchten. Die meisten gehen ganz klassisch – wie Männchen und Weibchen auch – auf Partnersuche.

Die karibischen Sägefische etwa treffen sich in der Dunkelheit und gesellen sich zu Paaren. Der eine krümmt dann seinen Leib, spreizt die Flossen und zittert mit ihnen. Der Partner schwimmt nach oben und stößt eine Spermienwolke aus. Der untere Fisch laicht Eier, die sich mit den herabsinkenden Spermien vermischen und nach der Befruchtung im Meer davontreiben.

Danach beginnt das Werben von vorn – diesmal mit vertauschten Geschlechterrollen.

Doch solch ein Doppelspiel ist aufwendig, es lohnt sich nur bei Arten, die etwa weit verstreut leben: Treffen sich zwei Individuen, kommt es in jedem Fall zur Fortpflanzung.

Vermutlich wegen der hohen Kosten hat die Evolution einen effizienteren Weg eingeschlagen und Spezialisten ausgebildet: Männchen und Weibchen. Die einen verlegten sich auf die Produktion von Spermien, die anderen steuerten die Eizellen bei.

FORTAN WALTETE zwischen den Geschlechtern ein Auswahlprinzip, das schon Darwin auffiel: Fast immer sind es die Weibchen, die sich für ein werbendes Männchen entscheiden – nicht umgekehrt. Und: Die zukünftigen Muttertiere gehen bei der Wahl eines Partners sehr sorgfältig vor.

Moderne Forschungen bestätigen den Befund: Jenes Geschlecht, das den

Dickhornschaf-Widder messen in Wettkämpfen ihre Kraft. Wer länger durchhält, darf sich mit einem Weibchen paaren

höheren Aufwand in die Aufzucht der Nachkommen investiert, muss bei der Partnersuche sehr gewissenhaft vorgehen. Ein Fehlgriff wäre fatal.

Denn Eizellen sind kostbar und selten; Spermien dagegen im Überfluss vorhanden.

So werden etwa die maximal 300 Eizellen einer Menschenfrau schon vor der Geburt angelegt und verharren bis zum Beginn der Pubertät in einem Ruhestadium. Sie liegen also bereit, ehe sie dann Monat für Monat abgerufen werden. Ein zeugungsfähiger Mann jedoch produziert Tag für Tag Abermillionen Spermien.

Diese Konstellation findet sich auch bei etlichen Wirbeltieren – daher die Auswahltests, denen sich Widder und Büffel, Beifußhühner, Seidenlaubenvögel und Fischadler vor ihren Partnern unterziehen müssen.

Oft favorisieren Weibchen männliche Tiere mit auffälligen, teils hinderlichen Ornamenten: die Rothirschbullen mit ihren riesigen Geweihschaufeln, die Löwen mit ihren mächtigen Mähnen, die Buckelzirpen, die bizarre Rückenschilder ausbilden.

Für viele Männchen ist ihre Pracht und Werbekunst nicht ungefährlich: Hahnschweif-Widafinken etwa bilden in Balzzeiten derart lange Schwanzfedern aus, dass sie in ihrem Flug stark behindert sind und ihren Fressfeinden kaum entkommen.

Den bei ihrer Paarung bunt leuchtenden Buntbarsch-Männchen lauern Fischreiher auf und können sie so viel leichter erlegen. Und unter Virginia-Leuchtkäfern, die einander bei der Balz bestimmte Blinksignale zusenden, gibt es räuberische Arten, welche die Blinkmorsezeichen perfekt imitieren, auf diese Weise die Leuchtkäfer anlocken und sie dann verspeisen.

Erst 1975 formulierten die israelischen Biologen Amotz und Avishag Zahavi eine Erklärung für dieses den Regeln der Evolution scheinbar widersprechende Phänomen: die Handicap-Theorie.

Demnach kann sich nur ein besonders fittes Männchen das Risiko eines hervorstechenden Ornaments leisten.

Das Schmuckelement, sagen die beiden Forscher, zeige dem Weibchen, dass es ein vor Gesundheit strotzendes Männchen vor sich hat.

Gefiederschmuck und Farbenpracht etwa signalisieren große Widerstandsfähigkeit gegenüber Parasiten. So leuchtet der Kamm des Hahns rot, weil er gut durchblutet ist; nur bei kranken Tieren ist er blass und bläulich.

Beim Menschen – wie bei Mäusen – ist zudem für die Partnerwahl der Körpergeruch ausschlaggebend. Er gibt Auskunft über die Zusammensetzung des Immunsystems und kann vom Gegenüber unbewusst entschlüsselt werden (siehe Seite 136).

Auch ein symmetrischer Körperbau deutet auf ein starkes Abwehrsystem hin – und hat sich vermutlich deshalb zum Schönheitsideal entwickelt.

Statistische Untersuchungen haben gezeigt, dass der Mensch für bestimmte Zahlenverhältnisse empfänglich ist. Männer bevorzugen Frauen, deren Hüfte etwa ein Drittel mehr Umfang aufweist als die Taille. Die Fettverteilung an diesen Körperpartien hängt mit der Menge des weiblichen Sexualhormons Östrogen zusammen und ist ein Zeichen für Fruchtbarkeit.

Frauen dagegen – so besagen ebenfalls Statistiken – favorisieren bei der Partnerwahl breitschultrige Männer mit gut ausgebildeter Muskulatur, die in der Pubertät unter dem Einfluss von Testosteron wächst.

So steuern den Menschen bei der Partnerwahl auch biologische Programme, die er zusammen mit der Sexualität von seinen archaischen Vorfahren geerbt hat.

GLEICHWOHL VERHARRTE *Homo sapiens* nicht auf der urtümlichen Stufe der Instinkte. Neben seiner biologischen „ersten" Natur, argumentieren Verhaltensforscher, habe der Mensch im Laufe der Zeit eine „zweite", kulturelle Natur entwickelt. Sie leitet ihn ebenso wie seine genetische Mitgift.

Heute lässt sich nicht mehr mit Gewissheit sagen, ob ein bestimmtes Sexualverhalten ausschließlich biologische Wurzeln hat oder erlernt ist.

Schon die Bonobo-Affen setzen Sexualität nicht nur zur Fortpflanzung ein, sondern auch, um an Speisen zu gelangen oder Spannungen in der Gruppe abzubauen.

Der Mensch wiederum hat die Sexualität weit über den reinen Zweck der Vermehrung gehoben – was allein schon daran zu erkennen ist, dass unzählige Spielarten der Begierde und Lust das Zusammenleben in sämtlichen Kulturen bestimmen.

MEMO | SEXUALITÄT

》》》 **DIE DURCHMISCHUNG** des Erbguts beim Sex ermöglicht Organismen, sich ihrer Umwelt anzupassen.
》》》 **BEI ETWA 1000 SPEZIES** können sich Weibchen auch ohne Männchen vermehren.
》》》 **MANCHE BAKTERIEN** tauschen untereinander Erbinformationen aus.
》》》 **EINIGE ZWITTER** befruchten sich selbst.

Er ist vermutlich sogar die einzige Spezies, die Sex und Vermehrung vollständig zu entkoppeln vermag – rund anderthalb Milliarden Jahre nach der ersten sexuellen Zellverschmelzung.

Aus Sicht der Evolution ist dies freilich eine unvorhergesehene Wendung: Die Fortpflanzung ist damit nur noch ein Beiwerk der Sexualität. □

Der in Berlin lebende Journalist **Ralf Berhorst**, 42, schreibt regelmäßig für GEOkompakt.

Literatur: Wolfgang Wickler und Uta Seibt, „Männlich – Weiblich", Spektrum.

Der Kult um den Körper

Der deutsche Fotograf Martin Schoeller
erarbeitete bei Kraftsport-Shows in den USA
die Porträtstudie »Female Bodybuilders«

**Ob auf Plakatwänden, in Werbespots oder Modeboutiquen: Überall um-
geben uns perfekte Körper. Viele Menschen haben Angst, diesen Vorbildern
nicht zu entsprechen — denn Schönheit, heißt es, ist ein Garant für
Erfolg. Ein Gespräch mit dem Wissenschaftler Winfried Menninghaus
über die Magie des Makellosen**

GEOkompakt: *Herr Menninghaus, weshalb gibt es physische Schönheit?*

Winfried Menninghaus: Charles Darwin war der Erste, der schlüssige Aussagen darüber getroffen hat, welche Rolle Schönheit bei der Entwicklung der Lebewesen spielt. Er fand folgendes Phänomen vor: Bei den meisten Tierarten sind die beiden Geschlechter unterschiedlich „schön", etwa bei den Pfauen. Während das männliche Tier spektakulär aussieht, ist die Pfauenhenne völlig unscheinbar. Das konnte, nach Darwin, nur das Resultat eines enormen Selektionsdrucks gewesen sein – und zwar auf der Seite des schöneren Geschlechts.

Männliche Pfauen müssen schön sein, sonst würden die Hennen sie nicht als Sexualpartner wählen. Umgekehrt haben die Hennen es nicht nötig, schön zu sein, weil die männlichen Tiere ohnehin auf sie angewiesen sind.

Die ganze Theorie der Schönheit ist bei Darwin eine Theorie der weiblichen Wahl und der weiblichen Macht.

Ist Schönheit in der Tierwelt nicht auch ein Zeichen für Gesundheit?

Für Darwin hing Schönheit allenfalls lose mit der Gesundheit zusammen. Die Gleichsetzung beider ist eine recht neue Reduzierung der gesamten Evolutionstheorie auf die natürliche Auswahl der Fittesten; etliche neuere Studien haben diese Gleichsetzung nicht bestätigt.

Darwin hat den kapriziösen Charakter, die launische Willkürlichkeit der sogenannten sexuellen „Ornamente", die Lust an neuen und ungewöhnlichen Reizen um ihrer selbst willen in den Vordergrund gestellt. Bei Vögeln etwa können die Federn besonders lang oder besonders kurz, schwarz, weiß, rot oder grün sein, völlig egal. Hauptsache, die Ornamente des einen Vogels sind ein wenig ausgeprägter als die des anderen.

Der Mechanismus der sexuellen Wahl hat den Charakter eines modischen Schauspiels, eines unablässigen Schönheitswettbewerbs, dessen Kriterien sich ständig verändern können. Darwin spricht daher ganz direkt von einem hoch entwickelten und relativ rasch

wandlungsfähigen ästhetischen „Geschmack" der Tiere.

Geschmack? Dann gäbe es also bei Tieren auch so etwas wie Moden? Oder Schönheit als puren Luxus?

Darwin gebrauchte tatsächlich den Begriff „Mode". Er erlebte eine Zeit, in der sich Moden mit ungekannter Schnelligkeit wandelten. Diese Erfahrung erlaubte es ihm, im stetigen Wechsel der Vorlieben auch ein Naturprinzip zu erkennen. Sogar das Thema Luxus hat er angesprochen, indem er das Prinzip der scheinbar unnützen Verausgabung

Der gesellschaftliche Effekt des Schönheitskultes ist verheerend

von Ressourcen für unpraktische Extras erkannte. Pfauen etwa würden sicher besser fliehen können, wenn sie nicht so extreme Schwanzfedern hätten.

Das könnte im Umkehrschluss bedeuten, dass nur die stärksten Exemplare es sich leisten können, solch ein behinderndes und gefährliches Ornament zur Schau zu tragen. Womit immerhin ein mittelbarer Zusammenhang von Schönheit und Gesundheit hergestellt wäre.

Bei uns Menschen scheint ja die Schönheit zwischen den Geschlechtern eher gleichmäßig verteilt zu sein …

So wird es heute in der Evolutionsbiologie weithin gesehen. Von Frauen als

dem „schöneren Geschlecht" spricht man ja erst seit etwa 250 Jahren. Die Griechen haben das noch ganz anders gesehen, und eigentlich ist der Mann erst im bürgerlichen Zeitalter eine graue Erscheinung geworden.

Welches sind unsere sexuellen Ornamente?

Für Darwin ist die nackte, das heißt fellfreie Haut das wichtigste Ornament am menschlichen Körper. Bei einigen Affen sind nur die „heißen" sexuellen Körperzonen enthaart. Unsere Vorfahren wollten anscheinend immer mehr von diesen „hot spots" und haben über die Generationen immer mehr nackte Haut gewählt. Nach und nach kam es so zur Sexualisierung der gesamten Körperoberfläche. Schließlich hat die Entwicklung hin zur nackten Haut sogar zur Bekleidung als zusätzlichem sexuellem Schmuck geführt.

Heißt das, Kleider sollten von Beginn an nicht nur wärmen?

Die Anthropologie geht davon aus, dass Bekleidung sofort auch eine Art sexuelle Kartierung darstellte, indem sie bestimmte Körperbereiche zwar verdeckte, aber zugleich betonte.

Das klingt paradox: unsichtbare Schönheit.

Der Darwin-Leser Sigmund Freud hat den wunderbaren Gedanken entwickelt, dass Schönheit aufgrund der Bekleidung – also der partiellen Verhüllung – des menschlichen Körpers erstmals auf Imagination angewiesen war. Der Mensch musste das, was er sah, durch Fantasie ergänzen – und das war eine kulturschaffende Tätigkeit.

Begierde wird nun nicht mehr nur durch einen direkten sichtbaren Reiz erzeugt, sondern durch eine Vorstellung: Wir sehen in der bekleideten Person zugleich so etwas wie einen fantasierten Körper. Bei keiner anderen Spezies gibt es etwas Vergleichbares.

Damit bietet sich die Möglichkeit einer verfeinerten Schönheitswahrnehmung. Selbst wenn der Körper fast vollständig bedeckt ist, wie der weibliche in muslimischen Kulturen, dann ist das we-

Bodybuilder wie diese Amerikanerin sehen ihren Körper als Baustelle – und stellen ihn selbstbewusst zur Schau

Oft reicht Training nicht: 2007 wurden in
den USA rund elf Millionen schönheitsmedi-
zinische Eingriffe vorgenommen

nige, was zu sehen bleibt, maximal besetzbar: Schon die Augen können dann größte erotische Bedeutung erhalten.

Seit wann spielt das Aussehen eine Rolle, wenn sich Menschen Partner suchen. Und wer hat dabei eigentlich die Wahl?

Bei archaischen Kulturen kann man noch heute sehen, dass sich die Männer oft, etwa bei Festen, viel aufwendiger schmücken. Das spricht dafür, dass es in der Frühphase der Menschheit eine von den Frauen dominierte Partnerwahl gegeben haben muss – wie es sie heute noch bei Schimpansen und Bonobos gibt. Die männlichen Tiere haben keinerlei sexuelle Kontrolle: Die Schimpansinnen kopulieren mit wem sie wollen, weshalb die Männchen nie wissen können, welcher Nachwuchs von ihnen ist.

Da Schimpansen und Bonobos unsere engsten Verwandten sind, stellt ihr Verhalten auch unsere eigene Vorgeschichte dar – für den durchschnittlichen Mann der totale Albtraum.

Von der sexuellen Unabhängigkeit der Schimpansinnen ist bei den Menschen-Frauen nicht viel übrig geblieben. Wie ist es dazu gekommen?

Das ist natürlich eine lange Entwicklung. Sie hängt möglicherweise damit zusammen, dass der menschliche Nachwuchs ja extrem lange unselbständig ist, weshalb die Eltern zusammenarbeiten müssen. Als die Menschen-Männer anfingen, sich an der Elternarbeit zu beteiligen, mussten sie die weibliche Sexualität kontrollieren – weil sie nicht Nachwuchs aufziehen wollten, der womöglich gar nicht der ihre war.

Zugleich haben die Männer nach und nach die Macht über die materiellen Ressourcen übernommen: So wurden die Frauen auch ökonomisch abhängig.

Und dann hatten es die Männer nicht mehr nötig, schöner zu sein als die Frauen?

Es kam offenbar eine zweite Entwicklung hinzu: Die Bedeutung der Schönheit für die Partnerwahl muss insgesamt abgenommen haben. Hätte es weiterhin eine massive Selektion zugunsten der

Schönheit gegeben, dann könnte man erwarten, dass heute alle Menschen sich nur noch minimal in der Ausprägung ihrer Attraktivitätsmerkmale unterscheiden: Wir sähen uns viel ähnlicher, als es heute tatsächlich der Fall ist.

Komplexere soziale Strukturen aber haben offenbar schon ziemlich lange dafür gesorgt, dass andere Mechanismen an die Stelle der Schönheitswahl traten. Dabei ging es etwa darum, Familien zu verbinden oder Stammeszugehörigkeiten zu markieren. Fast während der gesamten Menschheitsgeschichte haben solche Praktiken eine mindestens ebenso große Rolle gespielt wie das Aussehen.

Inzwischen aber sind viele dieser an gesellschaftlichen Ordnungen orientierten Wahlkriterien wieder in den Hintergrund getreten, und die Schönheit spielt erneut eine wichtigere Rolle.

Seit wann geht es in der Partnerwahl wieder mehr um Schönheit?

In Europa begann das mit der Verbürgerlichung der Gesellschaft im frühen 19. Jahrhundert. Seit dieser Zeit gibt es ja auch die „Liebesheirat", und die macht die Schönheitswahl geradezu programmatisch. Bemerkenswert ist dabei, dass es bis vor Kurzem um eine rein männliche Wahl ging. Mit der Folge, dass Männer zusehends unscheinbarer wurden, während die Frauen sich zum schönen Geschlecht entwickelten – und in jeder

Viele leiden, weil sie fürchten, den Standards nicht zu genügen

Hinsicht abhängig wurden. Erst in den vergangenen 20 oder 30 Jahren hat sich das etwas geändert.

Trotz allem aber spielen soziale Gruppenzugehörigkeiten immer noch eine enorme Rolle. Schönheit hat ja nicht alle anderen Mechanismen außer Kraft gesetzt, und nach wie vor ist es nicht so, dass jeder jeden heiraten könnte.

Zumindest entscheiden heute in der westlichen Welt weniger die Familien als die Individuen über ihre Liebespartner …

Das macht die Sache für den Einzelnen nicht leichter. Denn er muss sich zurechtfinden in einer extrem unübersichtlichen Struktur von neuen größeren und kleineren sozialen Gruppierungen, die sich oft quer zu den traditionellen Gliederungen der Gesellschaft gebildet haben. So gibt es keine traditionellen Klassensymbole mehr, dafür aber jede Menge fast undurchschaubarer Subcodes.

Schüler verschiedener Schultypen etwa müssen gar nicht mehr miteinander sprechen – angeblich erkennen sie sich an minimalsten Aussehensabweichungen, etwa an bestimmten Kleidungscodes. Für die Bewältigung dieser Unübersichtlichkeit brauchen wir Kriterien, und dazu gehört maßgeblich die physische Schönheit, die wenigstens jeder sofort beurteilen kann.

Der Schönheitskult als Rettung in einer allzu kompliziert gewordenen Gegenwart?

Der Rückgriff auf die Schönheit ist eine Möglichkeit, komplexe Zusammenhänge zu vereinfachen – und mittlerweile ist da eine regelrechte Propagandamaschine in Gang. So behaupten die Medien durchgängig, wer schöner sei, bekäme automatisch die besseren Jobs, hätte mehr Freunde und so weiter.

Dabei werden unhinterfragt die Experimente der Attraktivitätsforschung zitiert, die so etwas suggerieren. Gemessen werden da aber nur höchst oberflächliche Merkmale: Meist werden den Teilnehmern ja nur Fotos zur Bewertung vorgelegt – Forschungen zeigen aber, dass sich die Attraktivitätsbewertung bei Bewegtbildern deutlich verändern kann.

Oder durch einen zweiten Eindruck...

Das ist ein weiteres Problem. Selbstverständlich sehen wir Personen, mit denen wir eine wie auch immer geartete Beziehung eingehen, wiederholt. Und bei mehrmaligem Sehen verlieren sich einige der ursprünglichen Vorteile physischer Attraktivität. Gleichzeitig lässt ein starker Gewöhnungseffekt bestimmte Aussehensmängel in den Hintergrund treten. Solche Mechanismen können entscheidend sein, denn man will einander ja nicht nur drei Tage lang gefallen.

Hinzu kommt, dass alle reinen Schönheitseffekte durch andere Variablen, etwa den sozialen Habitus eines Menschen, regelmäßig eingeschränkt werden. Aber solche Zusammenhänge werden in Medienberichten kaum erwähnt.

Ebenso wenig wie charakterliche Zuschreibungen...

Besonders schönen Personen wird oft unterstellt, dass sie zickig oder schwierig oder eitel sind – Schönheit kann von einem Gegenüber also auch als Stressfaktor empfunden werden. Und so bevorzugt er dann vielleicht eine weniger schöne Person. Wenn Experimente nur untersuchen, wie Menschen auf Fotos reagieren, die sie zum ersten und einzigen Mal sehen, hat das mit der viel komplexeren Realität nicht viel zu tun.

Außer in Werbeanzeigen. Und in diesem Zusammenhang ist vielleicht doch interessant, wann ein Fotomodell auf den ersten Blick als schön empfunden wird.

Die Allgegenwart dieser kalkuliert übertrieben schönen Körper ist in der Tat das eigentliche Problem. Sie verstärkt den Schönheitskult – und damit den Druck auf den Einzelnen.

Wodurch entsteht dieser Druck? Allein durch Fotos unwirklich schöner Menschen?

Es ist die Masse dieser Bilder. Der Blick auf den eigenen Körper wird dadurch extrem selbstentfremdet. Wir *sind* nicht mehr Körper, sondern *haben* nur noch einen Körper, den wir nach bestimmten Kriterien bewerten – wodurch wir uns in höchst merkwürdige Existen-

> **Es gibt keinen effizienten Widerstand gegen den Schönheitskult**

zen verwandeln: Wir sehen uns immer schon mit den Augen der anderen.

Und was wir bei unserer permanenten Selbstbetrachtung über uns herausfinden, ist meistens negativ. Es ist statistisch erwiesen, dass die Unzufriedenheit der Menschen mit dem eigenen Körper enorm zugenommen hat und der gesellschaftliche Effekt des Schönheitskultes verheerend ist.

Mittlerweile gibt es eine Ästhetisierung der gesamten Lebenswelt, den Drang zur Verschönerung des nicht unbedingt Schönen. Weshalb tun Menschen sich das an?

Womöglich macht Verschönerung die Realität aushaltbarer – wenn auch nur kurzfristig und an der Oberfläche, wie bei jeder Art der Verdrängung. Andererseits hat das Ende der gesellschaftlichen Utopien eine große Lücke hinterlassen. Wenn wir etwa beginnen würden, den Diskurs über soziale Gerechtigkeit wirklich ernsthaft zu führen, würde das Thema Schönheit sicher wieder in den Hintergrund treten.

Eine realistische Hoffnung?

Momentan wohl nicht. Der Schönheitskult entspricht ideal der Konsum- und Leistungsgesellschaft. Denn zunächst ist Schönheit ja zutiefst ungerecht verteilt – sie ist als Privileg eines Körpers nicht „verdient" und gilt deshalb als aristokratisches Phänomen. Schönheit ist, theologisch betrachtet, eine Gnade. Das verträgt heute keiner mehr.

Also will man die Schönheit demokratisieren. Und das bedeutet, dass man gezwungen wird, sie zu einer Sache der eigenen Anstrengung zu machen: einer Kaufanstrengung vor allem. So hat sich inzwischen die Meinung durchgesetzt, dass jeder Mensch für sein Aussehen selbst verantwortlich sei – und selbst schuld an allem, was hässlich an ihm ist.

Eine solche Sichtweise ist vollkommen neu: Man muss schön sein. Im Prinzip ist Schönheit die ultimative soziale Anpassungsleistung. Und das, wo wir doch angeblich so frei sind.

Wer kann dafür sorgen, dass wir wieder Vernunft annehmen?

Es gibt keinen effizienten Widerstand gegen den Schönheitskult. Selbst diejenigen, die ihn verachten, können sich ihm nicht entziehen, weil auch sie im Zweifelsfall die gleichen Menschen schön finden wie alle anderen. Hinzu kommt, dass Schönheit eben ein Begriff ist, der seit Langem enorm positiv besetzt ist – auch wenn unendlich viele Individuen leiden, weil sie Angst haben, den Standards nicht zu genügen. Aber das sind eben immer nur die Einzelnen. Hässlichkeit ist ein privates Problem – ein gemeinschaftliches Leiden daran gibt es nicht, sodass auch keine kollektive Gegenbewegung entstehen kann.

Schönheit ist extrem ideologisch besetzt, aber die ideologischen Implikationen sind kaum zu erkennen. Es gibt kein Gegenziel. Man kann nicht sagen, man sei für die Hässlichkeit. Gegen den Schönheitskult zu Felde zu ziehen, würde heißen, sich lächerlich zu machen und zum Spielverderber zu werden.

Das ist das Geniale an der Sache. Insgesamt ziemlich unheimlich. □

Winfried Menninghaus, 56, erforscht Leitbilder und Funktionen der Schönheit am Peter-Szondi-Institut für Allgemeine und Vergleichende Literaturwissenschaft der Freien Universität Berlin.
Martin Schoeller, 41, ist einer der erfolgreichsten Porträtfotografen der Welt. Unter anderem arbeitet er für das angesehene US-Magazin „The New Yorker". Die Abbildungen sind seinem Buch „Female Bodybuilders", contrastobooks, entnommen.

Literatur: Winfried Menninghaus, „Das Versprechen der Schönheit", Suhrkamp.

Die Unzufriedenheit der Menschen mit dem eigenen Körper hat enorm zugenommen

Die Erfindung der Scham

Tiere kopulieren offen vor den Augen anderer, tragen ungeniert ihre Genitalien zur Schau. Der Mensch dagegen versteckt sich beim Sex und verbirgt seinen Körper unter Kleidung. Erst jetzt beginnen Forscher, die eigentümliche Angst vor der Blöße zu verstehen – und erkennen, dass ohne Scham keine Zivilisation möglich wäre

Der US-Künstler **Spencer Tunick** arrangiert seit mehr als zehn Jahren nackte Menschen zu lebenden Skulpturen

Text: Katharina Kramer
Fotos: Spencer Tunick

Wenn *Schimpansen* im Zoo Sex haben, so der Primatologe Frans de Waal, „wenden sich viele Besucher schockiert ab und ziehen ihre Kinder vom Gehege weg". Manche Affenmännchen setzen sich vor der Kopulation aufrecht hin, spreizen die Beine und stellen ihren erigierten Penis zur Schau. Die Genitalien paarungsbereiter Weibchen färben sich rosa und schwellen derart an, dass sie bis zu einem Viertel an Gewicht zunehmen.

„Besucher finden die Hinterteile abstoßend", sagt de Waal. Besonders dann, wenn sich paarungsbereite Weibchen triumphierend auf den Kopf stellen, sodass ihre Genitalien noch mehr auffallen.

Seit sich die Entwicklungswege von Schimpanse und Mensch vor rund sieben Millionen Jahren getrennt haben, hat der Mensch offenbar ein Gefühl entwickelt, das wohl allen anderen Lebewesen auf der Erde fehlt: die Scham. Wenn wir uns vor Fremden ausziehen, beschleunigt sich der Puls, und wohl niemand würde unbefangen nackt zur Arbeit, auf die Straße oder in den Supermarkt gehen.

Sobald Menschen in die Öffentlichkeit treten, schiebt sich die Scham zwischen Geist und Körper. Und doch wurde die sonderbare Regung unter Forschern lange vernachlässigt. Erst seit rund 15 Jahren fragen sich Wissenschaftler, welchen Vorteil die Entwicklung der Scham unseren Vorfahren brachte. Und ob etwa die Nacktscham tatsächlich in allen Kulturen vorkommt. Immerhin leben ja viele indigene Völker bis heute nackt.

Verhaltensforscher vermuten, dass Menschen im Gegensatz zu Tieren seit mehreren Hunderttausend Jahren keinen öffentlichen Geschlechtsverkehr mehr betreiben. Für gewöhnlich ziehen sie sich zum Sex zurück. Wissenschaftlern ist jedenfalls keine Gesellschaft ohne Genitalscham bekannt.

Zwar erscheinen manche Naturvölker sehr freizügig. Etwa die südamerikanischen Yanomami: Die Frauen tragen lediglich eine dünne Schnur um die Leibesmitte. Fordert man sie aber auf, die abzunehmen, reagieren sie

Für die Aufnahme »Brugge 1« entblößten 770 Menschen
in einem Theater der belgischen Hafenstadt ihren Po. Ehe der
Mensch aufrecht gehen konnte, war der Hintern für
archaische Männer der wichtigste Stimulus. Erst später ent-
wickelte auch die weibliche Brust eine Anziehungskraft

Gänzlich schutzlos posierten die Frauen für die Fotografie
»Netherlands 13« über einem schmalen Kanal in Amsterdam.
Völlige Freizügigkeit ist nicht unbedingt eine Frage der Erziehung:
Selbst Kinder in Nudistenfamilien verhüllen sich verlegen

ebenso verlegen wie die meisten europäischen Frauen, wenn sie sich vor Fremden entblößen müssten. Yanomami-Männer binden ihren Penis an der Vorhaut hoch. Doch auch sie genieren sich, wenn das Band herunterrutscht.

Völlig nackt, aber ebenso wenig schambefreit, leben die Kwoma in Neuguinea: Sie pflegen strenge Blick-Tabus. Männer dürfen Frauen nicht auf den Genitalbereich oder die Brüste schauen. Begegnen sich Mann und Frau, etwa auf einem Pfad, unterhalten sie sich Rücken an Rücken.

Selbst Anhänger der Freien Körperkultur blicken einander vornehmlich in die Augen. Über Sex zu sprechen ist in den meisten Nudistencamps tabu.

> Das **Volk der Kwoma** in **Neuguinea** kommt ohne Kleidung aus. Aber es ist **streng geregelt,** welche **Blicke** erlaubt sind

„Menschliche Körperscham scheint nicht kulturspezifisch zu sein", schreibt der Heidelberger Ethnologe Hans Peter Duerr in seinem fünfbändigen Werk über den „Mythos vom Zivilisationsprozess". Sie sei vielmehr charakteristisch für die menschliche Lebensform überhaupt.

Zumindest ab einem gewissen Alter: Kinder haben meist kein Problem damit, sich nackt zu zeigen. Oft müssen sie von Erwachsenen aufgefordert werden, sich Kleidung überzuziehen. Erst im Grundschulalter wandelt sich der Blick. FKK-Anhänger stellen dann bei ihren Sprösslingen Prüderie fest: Der Nachwuchs verhüllt plötzlich sogar im Nudistenmilieu die Genitalien.

Eine ähnliche Erfahrung machten Angehörige eines israelischen Kibbuz, die ihre Kinder zum schamfreien Umgang mit dem anderen Geschlecht erziehen wollten: Die Jungen und Mädchen rebellierten so lange gegen die gemeinsame Nutzung der Schlafräume, Duschen und Toiletten, bis die Kibbuzautoritäten nachgaben.

Dass sich Scham auch gegen erzieherischen Druck entwickelt, sieht der renommierte Verhaltensforscher Irenäus Eibl-Eibesfeldt als Indiz für eine stammesgeschichtliche Anpassung. Er geht davon aus, dass sich im Verlauf von Jahrmillionen im Erbgut unserer Vorfahren ein Komplex von Genen festsetzte, der Schamverhalten begünstigte. Diese Erbanlagen steuerten womöglich bestimmte Prozesse im Gehirn, die jene eigentümliche Gefühlsregung hervorriefen. Eine „Ur-Scham", die sich später weiterentwickelte.

Noch heute lässt sich bei unseren nächsten Verwandten, den Schimpansen, erahnen, wie eine Vorform des menschlichen Schamempfindens ausgesehen haben mag: Rangniedrige Affen ziehen sich mitunter zum Geschlechtsverkehr zurück. Andernfalls kann es sein, dass sie von Ranghöheren mitten im Akt gestört und verjagt werden.

Wenn sich schwächere Männchen einem paarungsbereiten Weibchen nähern und bemerken, dass sie von einem mächtigeren Männchen beobachtet werden, reagieren sie zudem mit einer Beschwichtigungsgeste: Sie wenden den Blick ab, schauen zu Boden und verziehen ihr Gesicht zum „full closed grin", einer dem menschlichen Lächeln vergleichbaren Äußerung der Verlegenheit.

Ohne das **Schamgefühl** würden **Menschen** vermutlich **pausenlos** an **Sex** denken

Sofort erkennen die ranghöheren Schimpansen das Signal – und lassen von einem Angriff ab. „Vermutlich hat der Wunsch nach Abgeschiedenheit auch bei uns mit sexuellem Wettbewerb zu tun", sagt Frans de Waal.

So ließe sich evolutionsbiologisch erklären, weshalb sich die Ur-Scham im Laufe der Menschwerdung weiterentwickelt hat: Das Verbergen des Geschlechtsverkehrs und der Genitalien gewährleiste ein ungestörtes Zusammenleben, meint Eibl-Eibesfeldt. Und das war vorteilhaft für ein Wesen, dem die Gruppe, das soziale Miteinander, als Lebensversicherung diente. Das schamhafte Verhalten verhinderte ständige Rivalitätskämpfe unter den frühen Hominiden.

Zudem könnte der Sex im Verborgenen vor Gefahren bewahrt haben. „Während des Aktes ist der Mensch so an seinen Partner hingegeben, dass er die Umwelt nicht mehr klar wahrnimmt und daher verwundbar ist", sagt Eibl-Eibesfeldt. Wenn er ständig entblößte Geschlechtsorgane sähe, würde das unentwegt Begierden wecken. Und die wiederum würden den Menschen von anderer Beschäftigung ablenken.

Hat also erst die Scham den Zivilisationsprozess möglich gemacht? Der Tübinger Evolutionsbiologe Thomas Junker jedenfalls meint, dass sich kulturelle Errungenschaften wie Ackerbau, Viehzucht, Städtebau und Wissenschaft auch deshalb entwickelten, weil der Mensch – ohne sexuelle Ablenkung – die notwendige Zeit und Konzentration dafür aufbringen konnte.

Erstaunlicherweise bezieht sich die Körperscham, zumindest bei Frauen, nicht nur auf die Genitalien, sondern auch auf die Brüste. Der britische Zoologe Desmond Morris führt das auf den aufrechten Gang zurück: Frühe Hominiden seien noch – wie Schimpansen – auf das Ge-

Für die Installation »Buffalo 5« schauten im Jahr 2004 Hunderte Nackte aus den Fenstern der verfallenen Bahnhofshalle des Central Terminal in Buffalo, New York. Aus Scham bedecken Menschen wohl seit 100 000 Jahren ihre Genitalien. Zunächst trugen sie Kleidung aus Pflanzen, dann aus Leder, schließlich aufwendig gewebte Stoffe

Die Aufnahme »Mexico City 9« entstand 2007 im Museum »Frida Kahlo«, dem Geburtshaus der mexikanischen Malerin, die sich auf manchen ihrer Gemälde selbst provokativ nackt in Szene setzte. Mancher Forscher vermutet, erst die Scham habe es dem Menschen erlaubt, die Kunst hervorzubringen

säß der Weibchen fixiert gewesen. Als unsere Ahnen begannen, auf zwei Beinen zu schreiten, könnten sich die sexuell anregenden Körperzonen auf die Vorderseite verlagert haben. Hominiden-Frauen mit fülligeren Brüsten, die männliche Partner an ein Gesäß erinnerten, waren möglicherweise besonders begehrt und konnten das neue Merkmal vererben. Indem die Brüste zum sexuellen Signal wurden, verlegte sich das Schamgefühl auch auf sie.

Da Menschen aller Völker die Nacktscham kennen, gehen Forscher davon aus, dass sie zu den Wesensmerkmalen des *Homo sapiens* gehört und der Mensch sich seit mindestens 100 000 Jahren die Genitalien bedeckt. Zunächst vermutlich mit Pflanzen, dann mit Leder, später mit Textilien. Die Kleidung gab den Menschen auch die Möglichkeit, ihre Ausstrahlung zu steuern.

Die langen weiten Kutten mittelalterlicher Nonnen und Mönche etwa entkörperlichten den Menschen, machten ihn geschlechtslos. Ganz anders in der frühen Neuzeit ab etwa dem 15. Jahrhundert, als diesseitige Freuden nicht mehr völlig tabuisiert wurden: Modebewusste europäische Männer trugen riesige Schamkapseln, die ihren Penis hervorhoben und den Eindruck einer ständigen Erektion weckten. In der Frauenkleidung traten nach und nach die weiblichen Rundungen vermehrt hervor.

Und seit den 1970er Jahren „erleben wir öffentliche Nacktheit als Alltäglichkeit", so der Philosoph Michael

Raub. Werbung, Filme, Massenmedien zelebrieren das Spiel mit der Blöße. Allenthalben präsentieren Menschen Haut, werden Milliardenbeträge mit der Freizügigkeit umgesetzt. Das aber bedeute keineswegs, dass wir in einer schambefreiten Gesellschaft lebten, vermerkt Raub. Denn das Geschäft mit den sexuellen Reizen setze nicht etwa Schamlosigkeit voraus. Sondern die Scham selbst.

Gaben sich Schimpansen noch mit einem Blick auf die Genitalien ihrer Artgenossen zufrieden, richtete *Homo sapiens* seinen Fokus auch auf ganz andere Körperbereiche. „Da der Mensch seine Geschlechtsteile bedeckte, sexualisierte sich im Verlauf der Evolution sein gesamter Körper", sagt Thomas Junker.

Das Spiel mit der Blöße funktioniert also nur, weil Menschen schon die zarte Haut eines Ohrläppchens, die weiche Rundung eines Knies als erotisch empfinden können. Strahlende Augen, volle Lippen, wohlgeformte Glieder wurden für die Partnerwahl entscheidend und damit zum Selektionsfaktor.

So sehr auch die Scham vom Leib abzulenken scheint: Womöglich hat sie erst die Schönheit des menschlichen Körpers hervorgebracht. □

Katharina Kramer arbeitet als Wissenschaftsjournalistin in Hamburg. Wissenschaftliche Beratung: **Dr. Thomas Junker**, Universität Tübingen.

Literatur: Stephan Marks, „Scham – die tabuisierte Emotion", Patmos. Rolf Kühn et al., „Scham – ein menschliches Gefühl", Verlag für Sozialwissenschaften.

Wie die Liebe in die Welt kam

Schon vor Urzeiten kümmerten sich Säugetier-Weibchen mit Hingabe um ihren Nachwuchs.

Aus dieser Mutter-Kind-Bindung erwuchs beim Menschen die Liebe zwischen Mann und Frau –

und mit ihr die Schattenseiten der Leidenschaft: Seitensprünge und Eifersucht

Text: Henning Engeln

Bonobos sind in einer Hinsicht rekordverdächtig: Die Menschenaffen haben im Durchschnitt alle anderthalb Stunden Sex. Sie tauschen Zungenküsse aus, sind zärtlich zueinander und haben, wie Menschen, Geschlechtsverkehr von Angesicht zu Angesicht.

Ihre erotischen Abenteuer sind ebenso häufig wie flüchtig. Den Koitus absolvieren sie in bemerkenswertem Tempo: in durchschnittlich 14 Sekunden.

Und mit welchem Partner sie es treiben, ist unwichtig: Zwischen Frau und Mann existiert bei den Bonobos keine dauerhafte Zweier-Beziehung. Es geht also ganz offensichtlich nicht um Liebe – sondern um Lust.

Wann aber hat sich dann im Verlauf der Menschheitsgeschichte die exklusive Beziehung zwischen einem Männchen und einem Weibchen entwickelt – also das, was wir eine Liebesbeziehung nennen?

Und welchen Überlebensvorteil brachte die Liebe unseren Vorfahren, dass sie sich im harten Wettkampf der Evolution durchsetzen konnte?

AM ANFANG, SO VIEL IST KLAR, ging es einfach nur um Sex. Schon vor 1,5 Milliarden Jahren kam es in der Natur wohl erstmals zu einer sexuellen Vermehrung (siehe Seite 26).

Spätestens in der Epoche des Kambriums, vor 542 Millionen Jahren, als die Ahnen aller heute noch lebenden Tierstämme die Meere bevölkerten, legten diese Spezies ihre befruchteten Eier in großen Mengen ab, und die daraus schlüpfenden Wesen waren vollkommen auf sich allein gestellt. Entsprechend viele wurden von Räubern gefressen, und deshalb waren Zigtausende, manchmal Millionen von Eiern nötig, damit ein paar wenige überlebten. Noch heute setzen zahlreiche Tierarten auf eine derartige Massenproduktion von Nachkommen.

Doch es geht auch anders. Manche Elterntiere begannen, ihre Jungtiere zu behüten, so wie es bei etlichen heute noch die Regel ist. Beim Stichling baut das Männchen ein Nest aus Schaum und Pflanzenteilen für die Eier, fächelt der Brut Frischwasser zu und bewacht die geschlüpften Jungfische.

Viele Spinnen oder Insekten bewachen ihre Gelege, bei staatenbildenden Insekten wie Bienen und Ameisen gibt es sogar eine regelrechte Brutpflege-Industrie: Eier und Larven bleiben gut geschützt im Bau und werden von Arbeiterinnen versorgt, bis sie schlüpfen.

Auch manche Amphibien und Reptilien behüten ihren Nachwuchs. Geburtshelferkröten etwa schleppen den Laich auf ihrem Rücken herum, tropische

Baumfrösche legen sie in die Wasserlachen von Blattachseln und versorgen sie dort, Krokodile bewachen ihre Eier und die geschlüpften Jungtiere.

All diese Mühe erhöht die Überlebenschancen der Kinder, und die Elterntiere müssen weniger Junge produzieren.

Eines fehlt allerdings noch bei diesen Formen der Brutpflege: Mütter und Väter kümmern sich zwar um ihre Nachkommen, doch sie nehmen sie nicht als Individuen wahr. Ist die Phase der Behütung erst einmal vorbei, scheren sie sich

Mutterliebe gibt dem Kind Sicherheit und einen guten Start ins Leben. Dieses uralte Phänomen ist wohl auch die Wurzel der Bindung zwischen Mann und Frau

Wenn zwei junge Menschen sich ineinander verlieben, spielt das Gehirn verrückt: Hormone, Duft- und Botenstoffe schmieden die beiden zusammen

Dinosaurier betrieben ebenfalls Brutpflege, wie ein Fossilfund belegt: ein auf seinem Gelege gestorbener Oviraptor.

Mindestens ebenso hingebungsvoll kümmern sich heute noch die Säugetiere um ihre Jungen: Die wachsen zunächst meist lange in der Gebärmutter heran und werden nach der Geburt mit Nährflüssigkeit aus einer Brustdrüse der Mutter versorgt. Das funktioniert nur mit einem intensiven Kontakt zwischen

Nicht einmal fünf Prozent aller Säugetierarten kennen so etwas wie Vaterliebe

Mutter und Kind. Wohl schon vor rund 200 Millionen Jahren lebten etwa rattengroße Ursäugetiere, doch ist von ihnen nicht sicher bekannt, ob sie ihren Nachwuchs mit Milch ernährten. Vor rund 150 Millionen Jahren aber bildeten sich die großen heutigen Untergruppen der Säuger heraus: Plazentatiere, Beuteltiere und Eier legende Säugetiere. Spätestens dann hatte sich das Ernährungsmodell „Muttermilch" durchgesetzt.

In jener Epoche vor 200 bis 150 Millionen Jahren muss sich daher das Prinzip Mutterliebe entwickelt haben.

WAS ABER HAT die Mutter-Kind-Beziehung mit der Bindung zwischen zwei erwachsenen Lebewesen zu tun?

„Irgendwann kommt der Punkt, an dem eine Brut nur erfolgreich aufgezogen werden kann, wenn beide Elternteile sich beteiligen", erklärt der Hamburger Verhaltensbiologe Ralf Wanker. „Wenn das Weibchen es allein nicht schafft, muss das Männchen dazu bewegt werden zu bleiben. Hier kommt die Paarbindung ins Spiel."

Wanker untersucht solche Bindungen an Sperlingspapageien. Vögel sind die Tiergruppe, bei der sich am häufigsten beide Elternteile um die Jungenaufzucht kümmern – nämlich bei mehr als 86 Prozent aller Arten.

Eine erfolgreiche Zusammenarbeit zwischen zwei Tieren ist allerdings nicht

nicht weiter um den Nachwuchs und erkennen die eigenen Kinder nicht wieder.

Bei zwei Tiergruppen aber – Vögeln und Säugetieren – kam es zu einer anderen Entwicklung: Sie begannen sich derart intensiv um den Nachwuchs zu bemühen, dass eine persönliche Bindung zwischen den Generationen entstand. Eltern fanden so die eigenen Kinder schnell wieder, wenn sie etwa von der Futtersuche zurückkehrten. Und die Jungen erkannten nun ihre Mutter, ohne die sie

hilflos und dem Tod ausgeliefert wären. Es entstand ein biochemisch-neuronal geknüpftes Band, das Eltern und Kinder zusammenschweißte.

Der Verhaltensforscher Irenäus Eibl-Eibesfeldt hat diesen Moment eine „Sternstunde der Evolution" genannt. Denn mit der Mutter-Kind-Bindung kam der Keim der Liebe in die Welt.

Wann genau sich diese Sternstunde ereignete, ist unbekannt. Die Vögel entwickelten sich vor rund 150 Millionen Jahren aus den Dinosauriern. Als warmblütige Tiere brüteten sie Eier aus, fütterten die Jungtiere und dürften deshalb individuelle Mutter-Kind-Bindungen ausgeprägt haben. Zumindest einige

so einfach herzustellen, wie es zunächst klingen mag. Denn die Partner müssen sich abstimmen, ihr Verhalten synchronisieren, und sie müssen in der Lage sein, Konflikte zu lösen.

Dazu haben sich bei den Vögeln im Lauf der Zeit spezielle Verhaltensweisen entwickelt, die die Bindung festigen. Störche zum Beispiel begrüßen sich durch Klappern mit dem Schnabel. Das sorgt für eine Einstimmung aufeinander und wirkt beruhigend. Über Hormone lösen solche Verhaltensweisen vermutlich ein innerliches Wohlfühlen aus, das die beiden Partner zusammenschmiedet. So etwas könne man schon als eine Art Liebe bezeichnen, meint Ralf Wanker.

Und Sperlingspapageien kraulen sich gegenseitig mit dem Schnabel das Gefieder oder „schnäbeln" – beides Verhaltensweisen, die ursprünglich ganz anderen Zwecken gedient haben: Mit dem Kraulen pflegten die Papageien ihre Federn, das Schnäbeln entstand vermutlich, weil die Männchen das brütende Weibchen mit Futter versorgten.

Bei der Paarbindung hatten solche Verhaltensweisen nichts mehr mit Pflege und Füttern zu tun, sondern lösten hormonell gesteuerte Wohlgefühle aus.

ANDERS ALS VÖGEL halten sich männliche Säugetiere bei der Aufzucht des Nachwuchses zurück – nicht einmal fünf Prozent aller Arten haben so etwas wie Vaterliebe hervorgebracht.

Woran liegt das?

Säugetiere verdanken einen großen Teil ihres Erfolgs der Art ihrer Aufzucht:

Bei der Liebe geht es vermutlich um ein Tauschgeschäft: Sex gegen Essen

Da Mütter die in ihrem Bauch heranwachsenden Jungtiere über das Blut mit Nährstoffen versorgen und sie nach der Geburt mit Milch füttern, ist der Nachwuchs optimal versorgt. Diese lange Bindung bringt noch einen weiteren Vorteil: Die Kinder lernen viel von der Mutter.

Beim Menschen gibt es Liebe über mehrere Generationen hinweg: Großeltern kümmern sich um die Enkel und geben ihre Erfahrungen weiter

Dem Männchen fällt in dieser Konstellation zunächst keine Rolle zu. Es kann nach dem Geschlechtsakt verschwinden und der werdenden Mutter die Kindesaufzucht allein überlassen – seine Gene hat es ja bereits weitergegeben. Stattdessen hat es die Möglichkeit, eine weitere Partnerin zu suchen und sich im selben Jahr ein zweites Mal fortzupflanzen.

Muttertiere haben diese Wahl nicht. Ohne ihre Milch würden die Babys verhungern, der ganze Aufwand wäre vergebens gewesen. Es wäre also nichts gewonnen, wenn sie ihre Kinder verließen. Aus Sicht der Evolutionsbiologen ist das eine nüchterne Kosten-Nutzen-Rechnung.

Trotzdem kann es Gründe geben, weshalb sich ein Männchen dennoch an ein Weibchen bindet und ihm bei der Aufzucht der Kinder hilft – etwa, wenn die Art in einer Umwelt lebt, in der die Mutter die Jungtiere nicht allein aufziehen kann, in der die Kleinen ohne die Mithilfe eines Männchens nur schwer überleben würden.

In der Evolution des Menschen muss es irgendwann zu einer Situation gekommen sein, in der eine solche Bindung notwendig wurde. Es war der magische Moment, an dem die Liebe zwischen Frau und Mann in die Welt kam.

Doch wann genau war das?

VOR MEHR ALS sieben Millionen Jahren lebte in Afrika der gemeinsame Vorfahr von Mensch, Schimpanse und Bonobo. Es war ein Menschenaffe, der im Wald zu Hause war und vermutlich Gemeinschaften aus 80 bis 100 Tieren mit einem hoch entwickelten Sozialsystem bildete. Wie die gesamte Lebensweise war auch das Sexualverhalten höchstwahrscheinlich dem der heutigen Schimpansen und Bonobos ähnlich: Es war promisk, das heißt, die Weibchen ließen sich mit häufig wechselnden Männchen ein.

Bonobos haben diese „freie" Form der Sexualität zu der für sie typischen Vielfalt weiterentwickelt. Sie suchen ständig kurze sexuelle Kontakte – auch jeweils zwei Weibchen oder zwei Männchen. Der Zweck dieser Freizügigkeit: Sie löst Spannungen, Aggressionen oder Futterneid und dient damit als sozialer Kitt.

Schimpansen regeln Konflikte dagegen nicht mit Sex, sondern weitaus häufiger mit Gewalt. Und ein Weibchen lässt sich schon mal für ein paar Wochen mit nur einem Männchen ein. Langfristige Bindungen aber kennen sie in der Regel ebenso wenig wie die Bonobos.

Noch eines haben beide Affenarten gemeinsam: Die Männchen überlassen den

Müttern die Aufzucht des Nachwuchses. Da ein Weibchen sich mit vielen Partnern einlässt, „weiß" ein Männchen nicht – so die Erklärung der Evolutionsbiologen für dieses Verhalten –, ob ein Baby von ihm ist oder vom Nebenbuhler.

Würde es helfen, die Jungen aufzuziehen, würde es deshalb mit ebenso großer Wahrscheinlichkeit die Gene des Konkurrenten wie die eigenen verbreiten. Es hätte also keinen genetischen Vorteil durch die Hilfe – folglich konnte sich ein solches Verhalten nicht durchsetzen.

Stärker vermehren werden sich indes die Gene jener Männchen, die ihre Zeit darauf verwenden, mit möglichst vielen Partnerinnen zu kopulieren, und die besonders viele, agile Spermien produzieren. So erklären sich die Forscher auch die enorme Größe der Hoden besonders bei Bonobos.

Ganz ähnliche sexuelle und soziale Verhältnisse existierten sicher auch bei dem gemeinsamen Urahn dieser Affen und des Menschen.

Dann aber vollzog sich eine der faszinierendsten Entwicklungen der menschlichen Evolution: Wohl vor sieben Millionen Jahren begannen einige der Affen, auf zwei Beinen zu gehen. Den Anstoß lieferte vermutlich eine weltweite Klimaabkühlung, die in Afrika den tropischen Regenwald schrumpfen ließ und ihn zugunsten von immer mehr Savanne ausdünnte. Die nunmehr zu Vormenschen gewordenen Wesen liefen aufrecht von einer Baumgruppe zur nächsten und hatten die Hände frei, um damit zu hantieren oder etwas zu transportieren – zum Beispiel Nahrung oder ihre Babys.

Weil aber die offene Savanne wegen der Raubtiere sehr viel gefährlicher war als der dichte Dschungel, hatten junge Mütter, die hilflose Kleinkinder mit sich herumschleppten, ein Problem. Jene jedoch, denen es gelang, einen Mann exklusiv an sich zu binden und ihn dazu zu bringen, sie in dieser schwierigen Phase zu beschützen und mit Nahrung zu versorgen, hatten größere Überlebenschancen. Je mehr die Menschenahnen sich in die Savanne vorwagten, desto wichtiger wurde die Hilfe.

Irgendwann in dieser Phase, vielleicht vor mehr als fünf, vielleicht vor drei Millionen Jahren, muss deshalb die monogame Bindung zwischen Frau und Mann entstanden sein – ein Band der Liebe, das durch die Chemie der gegenseitigen Zuneigung geknüpft und gefestigt wird. Davon ist jedenfalls die US-Anthropologin Helen Fisher überzeugt.

In jener Zeit entstand somit die „Kernfamilie", die sich durch die intime Beziehung zwischen Mann und Frau auszeichnet. Sie sei fest in der Biologie des Menschen verwurzelt und unterscheide ihn mehr von den Menschenaffen als alles andere, sagt der in den USA lebende Primatenforscher Frans de Waal.

Biologisch betrachtet bedeutet das: Ein Mann half seiner Gefährtin und erhielt als Gegenleistung deren Treue, konnte sich also sicher sein, dass die gemeinsamen Kinder von ihm waren – und er damit auch seine eigenen Gene förderte. Umgekehrt versuchte die Frau, möglichst viel Schutz und Fürsorge zu bekommen, und band den Mann sexuell an sich. Im Grunde, so de Waal, ging es um den Tausch „Sex gegen Essen".

DIE VORMENSCHEN SETZTEN also auf eine enge Bindung von Mann und Frau, um den Nachwuchs aufzuziehen. Damit kam auch die Möglichkeit des Betrugs in die Welt, also die Gefahr der Untreue. Weshalb aber sollten Menschen in einer

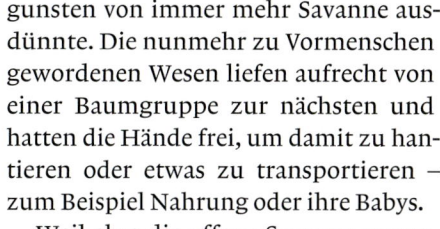
Wenn ein Vater den Sohn liebevoll umsorgt, fördert er dessen Chancen und damit das Überleben der Gene, die er an das Kind vererbt hat

Erogene Zonen

Nicht nur die Berührung der Genitalien vermag Menschen zu stimulieren

Die unerschöpfliche Ratgeberliteratur für ein befriedigendes Sexualleben beschreibt sie als Schlüssel zum lustvollen Liebesspiel: Sogenannte erogene Zonen seien besonders empfindlich für erotische Berührungen. Aber hat die Natur neben Penis und Hoden, Vagina und Klitoris tatsächlich weitere Körperbereiche für den Sex reserviert?

Ende des 19. Jahrhunderts stellten sich Psychoanalytiker vor, spezielle Areale abseits der Genitalien wie Brust, Anus oder Hals dienten bei jedem Menschen der Befriedigung seiner Triebe. Die moderne Sexualwissenschaft entwirft dagegen ein anderes Bild: Zwar ist die Haut an manchen Stellen stärker von Nerven durchzogen als an anderen und ähnlich sensibel wie die Genitalien. Aber es sind eher kleine Partien wie Lippen und Mundraum, Brustwarzen und der sie umgebende Hof.

Eine „Landkarte" stimulierender Zonen, die für alle Menschen gleichermaßen gilt, gibt es demnach nicht. Manche verzückt ein Kuss in den Nacken, bei anderen weckt sanftes Streicheln der Oberschenkel die Lust. Einige Frauen erreichen gar schon durch die zarte Reizung des Ohrläppchens einen Orgasmus.

In welchem Ausmaß uns Berührungen erregen, hängt womöglich von der individuellen Zahl eines bestimmten Typs von Sinneszellen in der Haut ab: Im Mai 2009 berichteten schwedische Forscher, dass jene „C-tactiles" besonders empfindlich reagieren.

Letztlich gilt aber: Ein Orgasmus ist nicht unbedingt eine Frage der richtigen Berührung. Wichtiger ist, was sich im Kopf abspielt: Selbst Querschnittgelähmte können den Gipfel der Lust empfinden – obwohl bei ihnen jene Nervenbahnen, die Berührungsreize von den Genitalien zum Denkorgan leiten, durchtrennt sind. *Bertram Weiß*

Paarbeziehung einen Seitensprung wagen? Aus biologischer Sicht kann das durchaus Vorteile haben und zwar unterschiedliche für Frauen und Männer.

Männer, die sich auf Sex mit einer anderen Frau einließen, hatten die Chance, weitere Kinder in die Welt zu setzen – theoretisch Dutzende – und damit ihre Gene zu verbreiten.

Frauen dagegen können nur wenige Kinder gebären und so ihre Gene in die nächste Generation bringen. Sie mussten deshalb daran interessiert sein, diesen wenigen Nachkommen besonders gute

Mit der Bindung an nur einen Partner kam auch die Eifersucht ins Spiel

Bedingungen und hohe Überlebenschancen mitzugeben. Dazu war zum einen die Hilfe eines tüchtigen und liebevollen Versorgers wichtig. Zum anderen musste die DNS des Vaters gut sein, also zu kräftigem, gesundem Nachwuchs führen.

Nun war aber der „liebevolle Versorger" nicht unbedingt immer auch der gesündeste, kraftvollste und mächtigste Mann im Clan. Ein Seitensprung mit einem Kraftprotz konnte der Frau also besonders gute Gene für den eigenen Nachwuchs bescheren.

Tatsächlich zeigen Studien, dass sich auch heutige Frauen gerade um die Zeit des Eisprungs, wenn sie also empfängnisbereit sind, von besonders männlich wirkenden Vertretern des anderen Geschlechts angezogen fühlen.

Ein männlicher Partner in jener Urzeitwelt hatte daher Grund, darauf zu achten, dass sich seine Frau mit keinem anderen einließ. Das förderte die Eifersucht der Männer und deren Hang, die Partnerin zu kontrollieren. Denn wenn sie nicht die Väter jener Kinder waren, die sie mit aufzogen, hatten sie evolutionär gesehen ihre Energie für den Nachwuchs anderer Männer vergeudet.

Für die Männer bestand also Grund zu Misstrauen. Doch auch Frauen hatten Anlass zur Eifersucht: Ließen sie es

zu, dass sich ihr Partner in eine andere verliebte, bestand die Gefahr, den Versorger und Beschützer zu verlieren.

UM EINE SOLCHE PAARBINDUNG zu festigen, hat sich nach und nach ein komplexer biochemischer Mechanismus entwickelt, der noch heute abläuft, wenn sich zwei Menschen ineinander verlieben. Zunächst wird eine Substanz namens Phenylethylamin ausgeschüttet, eine Art Aufputschmittel, das Hochgefühle auslöst. Auch Liebesfantasien und romantische Erinnerungen können diesen Stoff freisetzen.

Zudem treten Pheromone in Aktion – Duftstoffe, die von der Haut abgesondert, aber nicht bewusst gerochen werden. Sie können Sympathie oder Antipathie für einen Menschen auslösen. Die Substanz DHEA etwa lenkt die Aufmerksamkeit auf einen Partner und erhöht das sexuelle Verlangen, besonders bei Frauen.

Das „Kuschelhormon" Oxytocin wiederum fördert das Bedürfnis nach Nähe sowie die Bereitschaft zum Sex. Es erzeugt den Wunsch, den anderen zu berühren, und wird bei Berührungen ausgeschüttet – ein Mechanismus der gegenseitigen Aufschaukelung, der zu immer mehr Leidenschaft führt.

Schließlich spielt noch das Hormon Vasopressin eine Rolle, das mehrere physiologische Wirkungen hat und unter

MEMO | LIEBE

))) SÄUGETIER-MÄNNCHEN helfen nur selten bei der Jungenaufzucht.
))) BEI BONOBOS und Schimpansen gibt es keine dauerhaften Bindungen zwischen Weibchen und Männchen.
))) FRAUEN erwarten von Männern Schutz und Fürsorge.
))) MÄNNER versorgen eine Frau und fordern dafür ihre Treue.

anderem wohl mit Oxytocin die langfristige Bindung zweier Partner festigt.

All diese Substanzen zusammen – sowie weitere biochemische und neuronale Veränderungen – bewirken beim Menschen eine Verwandlung: Die Sinne werden intensiviert, Farben beispielsweise heller, das Sonnenlicht wärmer wahrgenommen.

Geschwister entwickeln oft eine enge Bindung, und sie unterstützen einander. Biologisch ist das sinnvoll, denn ihr Erbgut stimmt zu 50 Prozent überein

Entsprechend drastisch sind die Folgen, wenn die Verbindung zerstört wird oder eine ersehnte Partnerschaft nicht zustande kommt.

„Liebeskummer hat den Charakter eines Drogen-Entzugs", sagt Dietrich Klusmann, der sich am Institut für Medizinische Psychologie des Universitätskrankenhauses Eppendorf in Hamburg seit vielen Jahren mit diesem Phänomen beschäftigt. „Der Motor ist quasi hochgefahren, und dann bekommt er keine Nahrung mehr." Das löst einen Schmerz aus, den niemand vergisst, der je darunter gelitten hat.

Sich zu verlieben habe etwas Instinktives an sich und laufe stets nach demselben Muster ab, sagt Dietrich Klusmann. Und der Psychologe hat auch eine Vermutung, warum die Natur das so eingerichtet hat: „Man kann Verliebtheit als eine Art ‚Vorschuss-Finanzierung' für das kommende Projekt der Elternschaft betrachten."

Außerdem löse die Liebe zu einem anderen Menschen ein Problem, das jede Suche mit sich bringe: „Wann höre ich auf zu suchen? Ich will mich nicht zu früh entscheiden, aber auch nicht zu spät. Wer verliebt ist, sucht nicht mehr, und das unterscheidet Liebe von Sexualität: Liebe ist persönlich – der Mensch, den man liebt, ist nicht ohne Weiteres durch einen anderen austauschbar."

Die Verliebten sondern sich ab und haben häufig Sex. Sie schaffen quasi die „Infrastruktur" für ihre eigene Familie. Die Kraft der Liebe lässt sie handeln, der Kopf wird ausgeschaltet.

Denn, so Klusmann: „Babys werden nicht aus einem abstrakten Kinderwunsch heraus gezeugt, sondern weil Verliebte eben viel Sex haben und Sex meist irgendwann zur Empfängnis führt. Es sei denn, das Paar verhütet – eine Möglichkeit, die evolutionsgeschichtlich ja ganz neu ist: Zum ersten Mal überhaupt hat der bewusste Kinderwunsch ein Gewicht."

DOCH DIESER biochemische Mechanismus der Bindung hält nur wenige Jahre an. Auch das, so vermutet Helen Fisher, ist ein Kalkül der Evolution, entstanden in jener Zeit vor drei oder fünf Millionen Jahren. Es diene dazu, eine Bindung zu schaffen, die gerade so lange anhalte, wie die Mutter Hilfe in der Kleinkindphase benötige.

Auf jeden Fall schweißt die Verliebtheit ein Paar fest genug zusammen, um das erste Kind zu zeugen und es aufzuziehen. Doch nachdem der Nachwuchs die ersten Jahre überstanden hat, bietet sich die Möglichkeit, die Beziehung nüchtern zu überprüfen.

Wenn sich dann ein besserer Partner findet, können sich beide trennen und eine neue Beziehung eingehen. Evolutionspsychologen nennen ein solches Verhalten „serielle Monogamie".

Funktioniert die Partnerschaft hingegen, bleibt das Paar zusammen. Dann erwächst aus der Verliebtheit eine ruhigere, reifere und gleichsam erwachsene Form der Liebe. Sie ist mit einem Gefühl von Ruhe, Einklang und Geborgenheit verbunden und auf Dauer angelegt.

Es war wohl diese besondere Art der Paarbeziehung innerhalb eines Stammes, die sich einst bei den Vormenschen entwickelte. Sie erlaubte es einem Mann, mit einer Frau zusammen Kinder aufzuziehen, ohne ständig mit anderen Männern sexuell konkurrieren zu müssen.

Das wiederum förderte die Bereitschaft zur Zusammenarbeit unter den Männern – eine wichtige Voraussetzung für den Erfolg des Menschen. Die Strategie war so brillant, dass sie von den ersten Wesen der Gattung Homo und schließlich vor rund 200 000 Jahren vom *Homo sapiens* übernommen wurde – und bis heute in uns steckt.	□

Dr. Henning Engeln, 55, ist GEOkompakt-Redakteur. Fachliche Beratung: **Dr. Dietrich Klusmann**, Universitätskrankenhaus Hamburg-Eppendorf, **Dr. Ralf Wanker**, Biozentrum Grindel, Universität Hamburg.

Literatur: Helen Fisher, „Warum wir lieben", Knaur. Frans de Waal, „Der Affe in uns", Hanser.

Rund 90 Prozent aller Menschen auf
der Erde kennen den Kuss als Zeichen von
Liebe und Verbundenheit

Küssen

Das geheime Lip

Nirgendwo ist die menschliche Haut so zart wie auf den Lippen, nirgendwo gibt es so
viele empfindsame Tastzellen. Schon die flüchtige Berührung zweier Münder entfacht
ein Feuerwerk von Nervensignalen: In Bruchteilen einer Sekunde tauschen Küssende
unbewusst Tausende von Botschaften aus – etwa darüber, ob der Partner eher rabiat

penbekenntnis

ist oder sinnlich, gesund oder kränklich, zurückhaltend oder begierig. Die Lippen haben sich im Laufe der Evolution zu einem besonders wichtigen Medium der Liebe entwickelt. Ein Kuss allein kann deshalb bereits entscheiden, ob eine Begegnung der Anfang einer leidenschaftlichen Beziehung ist

Manche Liebesforscher vermuten, dass Frauen in der Urzeit ihren Kindern mit gespitzten Lippen vorgekaute Nahrung eingeflößt haben. Später sind sie dazu übergegangen, die Heranwachsenden mit Küssen zu beruhigen. Diese Geste der Geborgenheit hat sich im Laufe der Menschheitsgeschichte womöglich weiterentwickelt – zu einer Ausdrucksform leidenschaftlichen Begehrens

Text: Rainer Harf; Fotos: Holly Wilmeth

SEIT EINIGEN JAHRZEHNTEN streiten Wissenschaftler über den Ursprung eines Phänomens, das uns so vertraut ist wie das Händeschütteln: Sie fragen sich, weshalb Menschen einander küssen. Was treibt uns dazu, im Laufe eines Lebens durchschnittlich 100 000-mal die Lippen eines anderen Menschen zu liebkosen?

Das Saugen an der mütterlichen Brust, vermutete Sigmund Freud Anfang des 20. Jahrhunderts, verschaffe dem Baby einen derart großen Genuss, dass sich der Erwachsene noch immer nach jener oralen Befriedigung sehne. Zeitlebens suche er das Verlangen mit Küssen zu stillen.

Später stellte der britische Zoologe Desmond Morris die These auf, die Mütter selbst hätten den Urkuss erfunden: In der Frühzeit des Menschen hätten Frauen ihren Kindern das Essen vorgekaut und dann mit gespitzten Lippen eingeflößt – ähnlich wie es Schimpansenweibchen heute noch tun. Mit der Zeit seien sie dann dazu übergegangen, ihre Kinder durch liebevolles Küssen zu beruhigen und ihnen ein Gefühl der Geborgenheit zu vermitteln. Und daraus habe sich der partnerschaftliche Kuss entwickelt, als Ausdruck für Leidenschaft und Erotik.

Vielleicht aber, so die Bremer Kulturwissenschaftlerin Ingelore Ebberfeld, hat es sich auch ganz anders zugetragen. Etliche Tiere schnüffeln zur Begrüßung oder während der Partnersuche am Hinterteil eines Artgenossen – dieses Ritual aber wurde für unsere Vorfahren schwierig, als sie ihren Oberkörper aufrichteten und auf zwei Beinen zu laufen begannen, vermutet die Kussforscherin. Mit dem aufrechten Gang habe sich die Geste wohl vom Gesäß zum Gesicht verlagert.

Immerhin sind sich die Wissenschaftler darin einig, dass ein verblüffender Prozess in Gang kommt, sobald sich zwei Lippenpaare berühren. In Bruchteilen einer Sekunde senden Abertausende Nervenzellen Botschaften an Gehirn und Körper – Informationen darüber, wie der fremde Mund schmeckt und riecht, ob die Lippen warm oder kalt sind, glatt oder rau, fest oder weich. Allein fünf der insgesamt zwölf Hirnnerven werden aktiviert.

Das neuronale Signalfeuer löst in unserem Kopf aber nicht nur ein bewusstes, sinnliches Erlebnis aus. Vielmehr schicken die Nerven Befehle ans limbische System – ein archaisches Hirnareal, das unterbewusst arbeitet.

Dort stellen Drüsenzellen einen Cocktail körpereigener Drogen her und schütten sie in die Blutbahn, wodurch weitere Botenstoffe produziert werden: Endorphine und Hormone, etwa Oxytocin, die Stress abbauen, das soziale Bindungsgefühl steigern, uns sexuell erregen.

Die Küssenden werden intimer, streicheln sich. Über das Rückenmark werden die Berührungen an den Händen, am Rücken oder am Hals registriert und ans Nervensystem weitergeleitet. Sofort beauftragt der Hirnstamm Muskeln in den Arterienwänden, sich zu entspannen: Die Durchblutung steigt, unser Gesicht errötet.

Hirnregionen für depressive Stimmungen werden deaktiviert. Wir atmen flacher, unser Herz schlägt schneller. Der Körper heizt sich auf – und wird sogleich wieder abgekühlt: Schweißdrüsen sondern winzige Tropfen ab, die sexuelle Duftstoffe freisetzen. Die Nebennierenrinden bilden Adrenalin und putschen den Körper damit auf. Mitunter zittern die Knie, oder wir bekommen

Gänsehaut. Insgesamt bewegt ein Mensch beim Küssen mehr als 30 Muskeln.

Steigt die Erregung über ein bestimmtes Maß hinaus, produzieren Hoden und Eierstöcke das Lusthormon Testosteron: Penis und Klitoris erigieren, die Vaginalwände und die äußeren Schamlippen schwellen an.

Die besondere Lippen- und Zungenfertigkeit, die der *Homo sapiens* im Lauf seiner Entwicklungsgeschichte erworben hat, vermag ihn also in einen rauschhaften Zustand zu versetzen. Nicht zufällig sind die Lippen der Körperbereich mit der dünnsten Haut und der wohl höchsten Dichte sensorischer, also Sinneseindrücke verarbeitender Nervenzellen.

Mit dem Kuss, lehrte einst Platon, verlagere sich „die Seele auf die Lippen, um aus dem Körper zu gelangen". In gewisser Weise wird diese Erkenntnis von den jüngsten Ergebnissen aus der Philematologie bestätigt, der Wissenschaft vom Küssen.

Denn Küssende geben mehr von sich preis, als ihnen bewusst ist. Jeder Mensch hat ein individuelles Geruchsprofil. Es gleicht einer olfaktorischen Visitenkarte, die unter anderem Informationen darüber enthält, wie sein Immunsystem beschaffen ist: etwa, ob der Betreffende über eine starke Abwehrkraft gegen Erreger verfügt.

Gerade beim Küssen nehmen die Partner die Duftstoffe des anderen sehr intensiv wahr. Wohl deshalb werden besonders viele dieser Pheromone an den Nasenflügeln gebildet und abgesondert: Beim Küssen kommen sich die Nasen zweier Menschen so nahe wie möglich. Noch um das Jahr 1900 war der sogenannte Schnüffelkuss, bei dem Liebende ihre Nasen aneinanderreiben, weiter verbreitet als der Kuss auf den Mund.

Um bereits winzige Mengen eines Duftprofils wahrzunehmen und auszuwerten, besitzen viele Tiere – darunter Katzen, Hunde, Hirsche – einen Pheromon-Detektor: das Vomeronasal-Organ. Es verbirgt sich oberhalb des Gaumens, zwischen Mund und Nase. Noch aber streiten Anatomen, ob auch der erwachsene Mensch über eine derartige Empfangsstation verfügt.

Wissenschaftliche Untersuchungen jedenfalls lassen darauf schließen, dass wir beim Küssen in der Lage sind, mehr wahrzunehmen als nur die Berührung von Lippen oder Zunge.

Der Psychologe Gordon G. Gallup von der State University of New York in Albany hat im Jahr 2007 eine Studie an 180 Probanden erarbeitet, die ergab: Mehr als die Hälfte der befragten Männer und fast zwei Drittel der Frauen hatten sich schon einmal von einem anderen Menschen angezogen gefühlt, den potenziellen Partner dann auch geküsst – und erlebt, dass anschließend jedes Interesse erlosch, die zuvor empfundene Attraktivität verflog.

In einer anderen Befragung behaupteten die meisten Frauen sogar, sie könnten an einem Kuss erkennen, ob sich ein Verehrer langfristig als Partner eigne.

Offenbar vermögen besonders Frauen unbewusst zu erriechen, ob ein Mann zu ihnen passt (siehe auch Seite 136). Ist der Kuss demnach eine Art weiblicher Tauglichkeitstest? Ein erstes Abschmecken?

Biologisch gesehen würde das durchaus einen Sinn ergeben: Frauen tragen die Last der Schwangerschaft, das Risiko der Geburt. Bei der Wahl eines Partners sollten sie sich also sicher sein, dass er ihnen bei der Versor-

Die **Berührung** der **Lippen** ist gesund: **Menschen,** die häufig **küssen,** leben länger

gung der Kinder hilft – „und wenn nun eine Frau einen Mann küsst, erfährt sie nicht nur, ob er ein netter Kerl ist", so die US-Anthropologin Helen Fisher, „sondern sie bekommt auch eine Ahnung davon, ob er ein guter Vater wäre".

Kein Wunder also, dass Frauen Küsse anders bewerten als Männer: Sie wollen eine Beziehung emotional vorantreiben, die gemeinsame Gefühlswelt vertiefen, sich mit ihrem Gegenüber synchronisieren.

Männer dagegen verbinden den Lippenkontakt meist mit einem konkreten Ziel: dem Orgasmus. Sie mögen lieber nasse Küsse, Küsse mit offenem Mund. Ein Zungenkuss ist für sie der Auftakt zu einer sexuell intensiveren Phase, eine Zwischenstation zum Koitus.

Männer lieben wohl auch deshalb feuchtere Küsse, weil ihr Speichel Testosteron enthält. Gelangt das Hormon in den Mund einer Frau, passiert es deren Schleimhäute, verteilt sich im Blut und versetzt die Partnerin womöglich in lustvolle Stimmung.

Darüber hinaus ist Küssen gesund – das Immunsystem wird angeregt, der Abbau des Hormons Cortisol vermindert Stress. Und Forscher haben herausgefunden: Menschen, die viel küssen, leben länger. □

| MEMO | KUSS |

》》 DIE HAUT DER LIPPEN ist die dünnste des menschlichen Körpers.
》》 BEIM KÜSSEN SCHICKEN Tausende Nervenzellen Signale an das Gehirn.
》》 DORT WERDEN AREALE für depressive Stimmungen deaktiviert.
》》 RUND 30 MUSKELN bewegen Menschen beim Küssen.

Rainer Harf, 33, ist Redakteur bei GEOkompakt und hat das Konzept zu diesem Heft erarbeitet. Für die Porträtserie „Kiss" der amerikanischen Fotografin **Holly Wilmeth**, 32, haben Menschen aus mehr als 18 Ländern die Lippen gespitzt.

Die romantische Revolution

. . .

Heute sehnen sich die meisten Menschen danach, ihr Leben mit einem geliebten Partner zu teilen. Doch dieses Ideal der frei gewählten Liebe konnte sich erst mit dem Kapitalismus entwickeln

Text: Rainer Harf und Bertram Weiß; Fotos: Anders Petersen

Für viele Wissenschaftler ist Liebe nichts anderes als das Ergebnis biochemischer Prozesse. Die Forscher sezieren Lust und Begehren, manipulieren Triebe, vermessen Entwicklung, Qualität und Dauer von Partnerschaften. In ihren Laboren suchen sie Gesetzmäßigkeiten, nach denen sich Menschen ineinander verlieben.

Sie haben Hormone gefunden, die unsere Libido steuern. Gene, die uns treu sein lassen oder zu Seitensprüngen verleiten. Hirnschaltkreise, die unsere tiefsten Gefühle lenken. Eines aber lassen die Wissenschaftler oft außer Acht: was die Liebe für den Einzelnen bedeutet.

Die persönliche Empfindung lässt sich nicht mit Zahlen fassen, mit Formeln und Statistik greifbar machen. Wer verliebt ist, denkt nicht an Biochemie oder daran, seine Gene zu verbreiten.

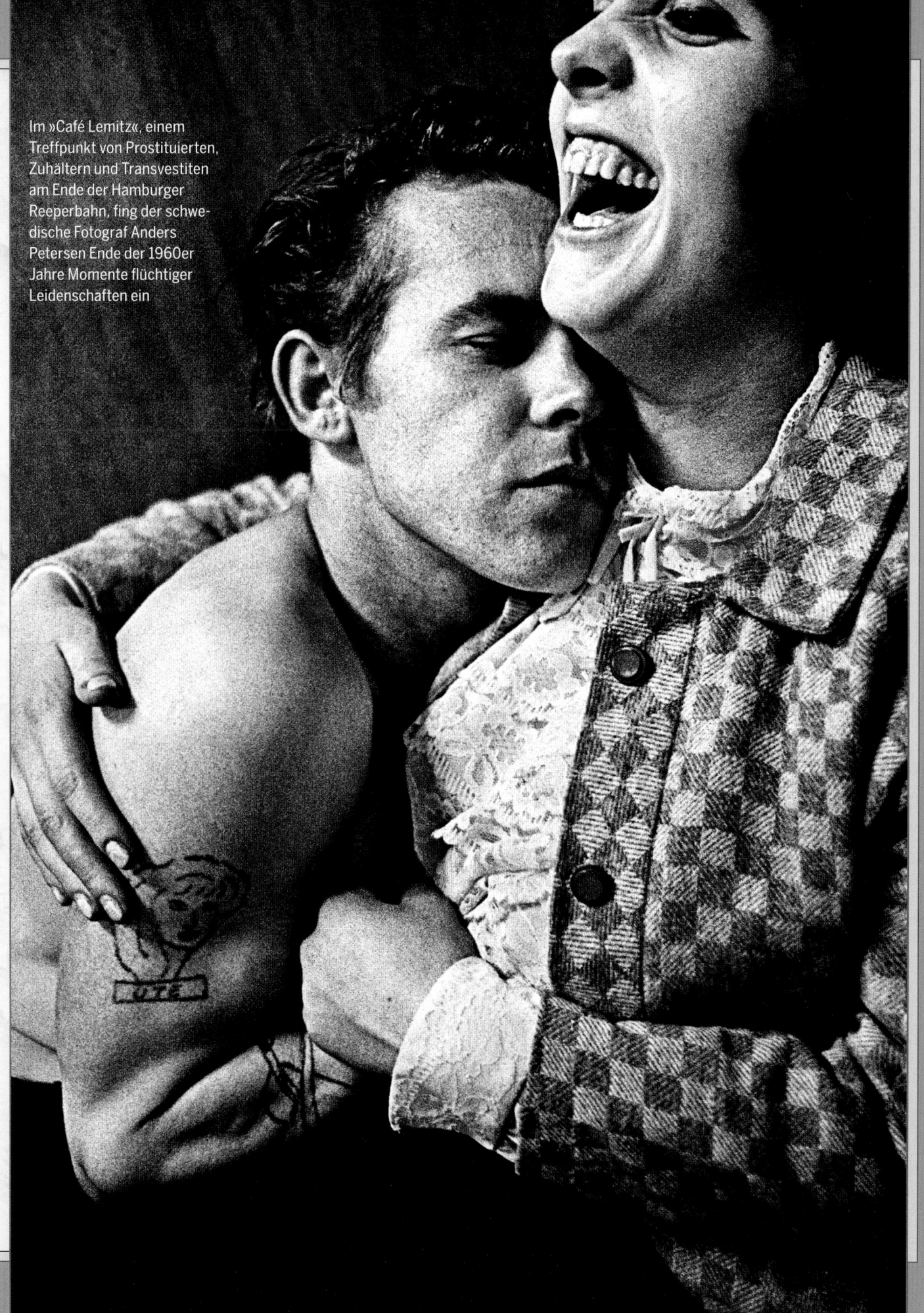

Im »Café Lemitz«, einem
Treffpunkt von Prostituierten,
Zuhältern und Transvestiten
am Ende der Hamburger
Reeperbahn, fing der schwe-
dische Fotograf Anders
Petersen Ende der 1960er
Jahre Momente flüchtiger
Leidenschaften ein

Die Liebe ist etwas Magisches. Sie ist unergründlich und doch so mächtig, dass sie unser ganzes Leben zu bestimmen vermag: Wir suchen einen Menschen, der uns so annimmt, wie wir sind. Wir sehnen uns nach einem Gegenüber, das uns begleitet und unterstützt. Wir wünschen uns, mit einem Partner geistig und körperlich zu verschmelzen.

Es ist das Verlangen nach romantischer Liebe. Ein Ideal, das tief in unserem Bewusstsein verankert ist.

Seit Jahrhunderten inspiriert es Literaten. Die Liebesgeschichten von Lancelot und Guinevere, von Héloïse und Abelard,

von Romeo und Julia verbinden sexuelle Begierde und geistige Hingabe.

Doch die großen Romanzen enden meist tragisch. Ihre Helden leben in einer Zeit, in der sie nicht so lieben dürfen, wie sie wollen. Sie sind Rebellen, kämpfen gegen ihre Herkunft, gegen Zwänge und Traditionen.

Ihre Liebe scheitert an der jeweiligen Kultur. Denn ihre Zeitgenossen behandeln die Liebenden wie Aussätzige, schauen ängstlich auf ihre Leidenschaft und versuchen erbarmungslos zu verhindern, dass sie zueinanderfinden.

Das Glück der wahren, der romantischen Liebe ist für Menschen noch nicht sehr lange so selbstverständlich wie heute: Erst vor rund 250 Jahren breitete sich in Europa die Vorstellung aus, dass partnerschaftliche Liebe das Leben mit Sinn erfülle.

Der Weg dorthin war weit.

Natürlich: Schon in der Steinzeit fanden sich Menschen zu Paaren zusammen und gründeten Familien. Aber sie gingen, wie einige Forscher vermuten, Beziehungen aus praktischen Gründen ein, nicht aus Liebe.

Je mehr Mitglieder ein Clan zählte, desto mehr Arbeiter konnten für Nahrung sorgen, desto mehr Krieger gegen Feinde kämpfen. Die Familie bildete eine Überlebensversicherung.

Der alltägliche Existenzkampf forderte Kraft und Geschicklichkeit. Frauen, das körperlich etwas schwächere Geschlecht, brauchten Schutz – besonders während der Schwangerschaft. Sie gebaren Kinder, verrichteten wahrscheinlich einfache Feldarbeiten, und sie ordneten sich den Männern unter.

Spätestens ab dem 5. Jahrhundert vor Christus begannen Menschen im alten Griechenland, die Liebe zu preisen. Doch ihre Vorstellung davon hatte nichts mit leidenschaftlicher Nähe zwischen Mann und Frau zu tun. Vielmehr verstanden die Philosophen Athens eine tief empfundene Verbundenheit und Zuneigung zwischen Männern als Liebe und geistiges Ideal.

Körperliche Intimität und Leidenschaft sahen Christen im Mittelalter als diabolische Laster an. Die wahre Liebe durfte nur Gott gelten – sie galt als himmlische Gnade

Die großen Romanzen der Literaturgeschichte enden meist tragisch:
Die Helden leben in einer Zeit, in der sie nicht so lieben dürfen, wie sie wollen.
Die Erfüllung ihrer Sehnsucht scheitert auch an der jeweiligen Kultur

Meist entwickelte sich eine intime Beziehung zwischen einem erwachsenen Mann und einem Knaben. Der erfahrene Ältere wies den wissbegierigen Jüngeren in das tugendhafte Leben ein. In Edelmut, Treue und Geistesstärke.

Manche Christen stritten darüber, ob Frauen überhaupt eine Seele hätten

Hingebungsvolle Liebe zwischen den Geschlechtern dagegen galt als Verrücktheit. Als Besessenheit, die innere Ruhe und Harmonie zerrüttet.

Dass zwei Menschen aus Liebe heirateten, war den Griechen ebenso fremd wie all den Stammesgesellschaften in den Jahrtausenden zuvor. Ehefrauen stellten eine Last dar, ein kostspieliges Übel. Große Denker wie Platon und Aristoteles lehrten, Frauen seien minderwertig – körperlich wie geistig. Und doch waren Vermählungen unvermeidlich. Denn die Männer fühlten sich dem Staat gegenüber verpflichtet, Familien zu gründen und für Nachwuchs zu sorgen.

„Die Ehe", schrieb der griechische Dichter Pallatas, „beschert einem Mann zwei

In der Renaissance umwarben Männer die Damen mit Komplimenten, doch sie betrachteten sie nicht als gleichwertig. Erst mit der Industriellen Revolution konnten sich Frauen mehr und mehr wirtschaftliche Unabhängigkeit erkämpfen – und damit geschlechtliche Gleichstellung

glückliche Tage: Den, an dem er seine Braut zu Bett bringt – und den, an dem er sie zu Grabe trägt."

Auch die Römer heirateten nicht aus Liebe. Zumindest jedoch gewann die Beziehung zwischen Mann und Frau an Bedeutung: Familien arrangierten Partnerschaften gezielt, um Bündnisse zu schließen und ihr Eigentum zu mehren.

So wurde die Ehe zu einem politischen Instrument.

Ihre sexuelle Lust befriedigten Römer wie selbstverständlich in Affären. Ehebruch galt gleichsam als Sport, um Langeweile und Überdruss zu lindern. Die Beziehung zwischen Mann und Frau war für die Römer ein Ringen um Begierde, ein Spiel aus Zuneigung und Zurückweisung, ein kurzlebiger Genuss der Sinne.

Aber als das römische Imperium ab 300 n. Chr. zu zerfallen begann, wandelte sich das Bild der Liebe radikal. Der christliche Glaube breitete sich in Europa aus. Und mit ihm die Vorstellung, Liebe könne einzig Gott gelten. Irdische Freuden verachteten Gläubige dagegen als diabolische Laster.

Erotische Intimität und körperliche Leidenschaft befleckten ihrer Ansicht nach den Geist und gefährdeten die Beziehung zu Gott. Liebe und Sex widersprachen einander – das eine war himmlische Gnade, das andere teuflischer Trieb.

Gleichwohl mussten auch Christen den Beischlaf hinnehmen, um Nachkommen zu zeugen. Lustvoll aber durfte er nicht sein.

Allein die femininen Reize waren tiefgläubigen Männern unheimlich. Sie stritten gar darüber, ob Frauen überhaupt eine

Seele hätten – immerhin war ihre Urahnin Eva ja verantwortlich gewesen für die Vertreibung aus dem Paradies und damit für das Leid auf Erden.

Gut 800 Jahre lang beherrschten diese christlichen Vorstellungen das Bild der Liebe – bis im 11. Jahrhundert an französischen Fürstenhöfen die Sehnsucht nach Romantik erwachte.

Damals zogen Troubadoure von Hof zu Hof und besangen die Minne, die selbst gewählte Liebe. Erstmals in der Geschichte priesen Menschen die Freiheit, ihren wahren Begierden zu folgen – immer außerhalb der Ehe, die weiterhin eine rationale Zweckgemeinschaft blieb.

„Niemandem soll ohne triftigen Grund seine eigene Liebe vorenthalten werden", schrieb die Gräfin von Champagne im Jahr 1174 in ihren „Regeln der Minne". Selbst wenn die Angebetete unerreichbar war, sollte der Liebende versuchen, durch Heldentaten und Mutproben deren Herz für sich zu gewinnen – und so zudem gesellschaftliches Ansehen erlangen.

In vielem glich diese sogenannte Hohe Minne bereits unserer heutigen Vorstellung von romantischer Liebe. Doch meist fand sie ihren Ausdruck eher in der Poesie und im Gesang. Gelebt wurde sie vermutlich selten.

Das veränderte sich allmählich, als Handel, Kultur und Wissenschaft in der Renaissance zu florieren begannen. Eine neue

Kinder, schrieb der englische Politiker Lord Chesterfield an seinen Sohn. Bisweilen sei ihr Geschwätz zwar unterhaltsam, manchmal gar von Witz. Aber eine ernst zu nehmende Frau habe er in seinem Leben nie kennengelernt.

Die geschlechtliche Gleichstellung – und damit die Grundlage für all das, was wir in westlichen Ländern heute unter romantischer Liebe verstehen – begann sich erst langsam mit der Industriellen Revolution im 18. Jahrhundert zu entwickeln.

Es war der Kapitalismus, der den Grundstein legte für die Frauenrechte von heute: Zum ersten Mal in der Menschheitsgeschichte konnten beide Geschlechter ihren Intellekt und ihre Ideen einsetzen, um ihr Auskommen zu sichern.

Die Marktwirtschaft, also das freie Spiel von Angebot und Nachfrage, ermöglichte es Männern wie Frauen, mit Ehrgeiz und aus eigener Kraft ihren Lebensunterhalt zu bestreiten. Statt gemeinsam auf Äckern zu arbeiten, gingen Eheleute, Söhne und Töchter jeweils einer eigenen Beschäftigung nach – und bestimmten ihr Leben selbst. Nach und nach löste sich die Großfamilie auf.

Immer mehr Maschinen ersetzten die menschliche Muskelkraft. So traten weniger die körperlichen als vielmehr geistige Fähigkeiten in den Vordergrund. Die neue Lebenswelt war die Stadt: Gleichsam

Einen Seelenverwandten zu finden, das galt nun als höchstes Ziel im Leben

Mittelschicht, das Bürgertum, entstand; Kaufleute wandten sich zunehmend dem weltlichen Leben zu, strebten materielles Glück an – und nahmen Abstand von rein religiöser Erfüllung.

Männer umschmeichelten die Damen, machten ihnen Komplimente, ließen sich von ihren Reizen verführen.

Aber noch immer sahen die wenigsten das weibliche Geschlecht als gleichwertig an. Frauen seien nichts anderes als große

aus dem Nichts entstanden urbane Zentren wie Oberhausen oder Ludwigshafen. Ehemals kleinere Siedlungen wuchsen zu Ortschaften ungekannter Größe heran.

Vor allem in diesen Industriestädten emanzipierten sich Frauen, erkämpften mehr und mehr wirtschaftliche Unabhängigkeit und versuchten, das jahrtausendealte Joch der Unterdrückung abzustreifen.

In dieser Zeit der Umbrüche und rasanten Entwicklungen vermochte niemand

vorherzusehen, wie die zunehmend technisierte Welt in wenigen Jahren aussehen würde. Die Menschen suchten nach Sicherheit, nach Beständigkeit – und fanden sie im Ideal der freien, der wahren Liebe. Daraus mochte eine tief erfahrene Bindung zwischen Mann und Frau erwachsen, die Halt bot und ein wenig Ordnung ins turbulente Weltgeschehen brachte.

Menschen schwärmten nunmehr von der Einmaligkeit, Natürlichkeit und individu-

Dies kehrte die alten Traditionen gänzlich um: Ehe ohne Liebe galt jetzt als unmoralisch. Als Herabsetzung zu etwas Äußerlichem und Inhaltslosem.

Wer ist der andere, fragten Verliebte. Was verbirgt sich hinter der Oberfläche? Männer und Frauen suchten das Wesen des geliebten Menschen in seiner ganzen Vielfalt zu ergründen und zu begreifen.

Als sich der Hamburger Architekt Otto Beneke im Herbst 1841 in Marietta Banks,

Die Liebe ist mehr als Biochemie – sie ist die Suche nach uns selbst

ellen Stärke einer jeden Leidenschaft. Einen Seelenverwandten zu finden und zu heiraten: Das galt als höchstes Ziel im Leben.

Die Idee der romantischen Liebe kam einem „ungeheuren Kulturerfolg" gleich, wie der deutsche Soziologe Hartmann Tyrell bemerkt. Aufgeklärte Bürger verstanden die auf freier Liebe gegründete Ehe als unabdingbare Voraussetzung für ein intensives, harmonisches Familienleben – für „häusliche Glückseligkeit".

In seiner Schrift „Über den Umgang mit Menschen" von 1788 empfiehlt der Staatsdiener und Schriftsteller Adolph Freiherr von Knigge eindringlich, den Ehepartner aus Zuneigung zu wählen. Und der Brockhaus definierte in seinen vier Auflagen zwischen 1817 und 1827 die Ehe als „lebenslängliche Verbindung zweier Personen verschiedenen Geschlechts, die in ihrer Vollkommenheit auf Liebe beruht".

Die Idee der Liebesheirat breitete sich innerhalb weniger Jahrzehnte in der gesamten Gesellschaft aus. Ab der zweiten Hälfte des 19. Jahrhunderts erhob sie sich zur allgemeingültigen Norm.

Selbst eine bewusst kinderlos geplante Ehe wurde nun als „wahre Ehe" geschätzt. Die Zeugung, so das „Deutsche Staatswörterbuch" von 1858, sei nur „eine Frucht der Ehe, aber die Ehe besteht vor der Frucht und abgesehen von der Frucht".

die Tochter eines Anwalts, verliebte, faszinierte ihn deren „tieferes Seelen- und Gemütsleben". Monatelang hielt er in einem Beziehungs-Tagebuch jede Geste der Angebeteten fest, ihre Gesichtszüge, ihre Reaktionen auf seine Briefe und Geschenke. Er bat sie, ihn „einzuführen in die Hallen ihres Geistes".

„Liebe ist Erkenntnis", schwärmte Bettina von Arnim in „Goethes Briefwechsel mit einem Kinde".

Liebe ist gleichsam „das Anschauen der Individualität", vermerkte der Philosoph Friedrich Schleiermacher.

Liebe sei ein Gefühl, schrieb Goethe in einem Brief an Auguste Gräfin zu Stolberg, das wir empfänden, wenn wir in einem anderen Menschen „unser Gleichnis, uns selbst verdoppelt" und damit zugleich ein „Bild des Unendlichen" erblickten.

In der Liebe spiegelte sich für Romantiker nicht nur die eigene Individualität, sondern auch die ganze Welt.

Diese Vorstellung lebt bis heute weiter. Die Liebe ist mehr als nur Biochemie. Die Suche nach dem anderen ist immer auch eine Suche nach Lebenssinn.

Eine Suche nach uns selbst. □

Bertram Weiß, 26, ist Wissenschaftsjournalist in Hamburg. Der 1944 in Schweden geborene Künstler **Anders Petersen** gehört zu den renommiertesten europäischen Fotografen.

Literatur: Nathaniel Branden, „The Psychology of Romantik Love", Jeremy P. Tarcher/Penguin.

In einer sich ständig wandelnden Welt begannen die Menschen im 18. Jahrhundert nach Beständigkeit und Schutz zu suchen – und fanden sie im Ideal der freien, der wahren Liebe

Wenn Pflanzen einen Partner suchen

Beim Sex haben Blumen und Gewächse ein gewaltiges Problem: Sie können sich nicht fortbewegen. Um dennoch die Eizellen anderer Pflanzen zu erreichen, reisen die Samenzellen in Regentropfen, mit dem Wind oder auf den Körpern von Insekten. Begonnen hat die erstaunliche Entwicklung der **pflanzlichen Sexualität** einst in den Ozeanen

Text: Sebastian Witte; Fotos: Solvin Zankl

Verführt von süßlichem Duft, fliegen Bienen von Blüte zu Blüte. Dabei tauschen sie Pollen zwischen den Pflanzen aus und vermischen so deren Erbgut

Seit Jahrmillionen werben Pflanzen um
die **Gunst der Insekten:** Der Wiesenkerbel etwa lockt
sie an, indem er seine kleinen weißen Blüten
zu auffälligen Schirmen zusammenstellt

Die kräftige Farbe der Rotkleeblüte hat evolutionär
vor allem einen Zweck: Sie wirkt wie eine Art Stoppschild auf viele
vorbeifliegende Insekten. Die **Allianz zwischen Blumen und Tieren**
ist höchst erfolgreich: Blütenpflanzen stellen heute mit rund
250 000 Arten die größte Gruppe der Gewächse auf Erden

Verschmelzen pflanzliche Geschlechtszellen,
reift ein **Samen** heran. Beim Löwenzahn fliegt er
an einem Schirmchen aus Haaren davon – und
keimt auf entferntem Grund zur jungen Pflanze

Vor fast 500 Millionen Jahren kam es zu einer der größten Revolutionen in der Geschichte des Lebens: Meeresorganismen begannen, das Land zu besiedeln. Es war ein gewaltiger Schritt in eine neue Welt, die zunächst Pflanzen und schließlich auch Tiere vor ungekannte Herausforderungen stellte: Denn sie mussten der Schwerkraft trotzen, ihre Körper vor Austrocknung schützen, ihre Haut vor der zerstörerischen Wirkung der UV-Strahlung bewahren.

Anders als die Tiere standen Pflanzen vor einem weiteren Problem: Wie sollten sie sich an Land sexuell fortpflanzen? Gewächse können sich ja nicht bewegen, aufeinander zulaufen oder auf Partnersuche gehen. Und doch sind sie, um neue Arten hervorzubringen und somit ein weiteres Überleben zu sichern, auf Sex angewiesen, auf den Austausch ihrer Erbanlagen.

Sie müssen männliche und weibliche Keimzellen (Ei- und Samenzellen) bilden, die miteinander verschmelzen und eine neue Generation hervorbringen.

Zwar vermögen sich auch viele im Wasser lebende Gewächse, etwa Tange, nicht aktiv fortzubewegen. Doch sie haben einen entscheidenden Vorteil: Ihre männlichen Keimzellen können schwimmen. Mit einem hauchdünnen Schwanz rudern die winzigen Zellen durchs Meer. Und die Eizellen sondern chemische Lockstoffe ab, die ihnen den Weg weisen.

UM SICH AUF dem Trockenen fortzupflanzen, bedienten sich die urtümlichsten Landpflanzen – etwa Moose und Farne – eines genialen Tricks: Sie nutzten den Regen.

Dieses Prinzip gilt auch heute noch: Werden die männlichen Geschlechtsorgane – die sich etwa an der Spitze bestimmter Sprosse bilden – nach einem Gewitter von Wasser umspült, entlassen sie mobile männliche Keimzellen. Die beginnen sofort, in den Wassertropfen nach Eizellen zu suchen, um sich mit ihnen zu vereinigen. (Manche Moospflanzen freilich bilden weibliche und männliche Geschlechtsorgane auf ein und demselben Spross: Sie sind Zwitter, produzieren also sowohl männliche Keimzellen als auch weibliche

Eizellen. Bei anderen Moosarten dagegen kommen rein männliche und rein weibliche Individuen vor. Diese Vielfalt zieht sich durch das gesamte Florenreich.)

Mit ihrem winzigen Ruderschwanz können männliche Mooskeimzellen aber nur wenige Millimeter bis Zentimeter weit schwimmen. Größere Distanzen vermögen sie allein passiv zu überwinden – etwa, wenn die Wucht eines Regentropfens Hunderte Keime mit sich reißt und sie auf ein meterweit entferntes anderes Pflänzchen katapultiert.

Dieser Mechanismus ist höchst erfolgreich – noch heute nutzen ihn mehrere Tausend Spezies. Und doch hat der Sex der Moose einen entscheidenden Nachteil: Ohne ausreichend Flüssigkeit gerät die Fortpflanzung ins Stocken.

„Die höheren Landpflanzen mussten deshalb einen Weg finden, die Geschlechtszellen auch ohne Wasser zueinanderzubringen", erklärt Jens Rohwer, Botaniker an der Universität Hamburg. „Einige Gewächse haben dabei verblüffende Fortpflanzungsstrategien hervorgebracht."

IN DEN JAHRMILLIONEN nach dem Landgang vollzog sich in den Gewächsen eine erstaunliche Verwandlung. Sie ermöglichte es ihnen, sich auch in trockenen Gebieten regelmäßig sexuell fortzupflanzen.

Unzählige Mutationen in den pflanzlichen Erbanlagen führten dazu, dass die männlichen Keimzellen einiger Arten vor rund 300 Millionen Jahren ihren Schwanz verloren. Zudem wurden die schwanzlosen, empfindlichen Keimzellen in eine derbe, schützende Haut gepackt. Diese Neuerung, das sogenannte Pollenkorn, bewahrte sie vor Trockenheit, UV-Strahlung und Fäulnis.

Einige der ersten Pflanzen, die sich dieser landtauglichen Innovation bedienten, leben noch heute, darunter Nadelbäume wie Fichte, Tanne oder Kiefer sowie der urtümliche Ginkgo-Baum – aber auch die vor rund 140 Millionen Jahren entstandenen Blütenpflanzen, etwa Birke, Haselnuss, Klatschmohn und Gräser.

Die kugelförmigen, widerstandsfähigen Pollenkörner dieser höheren Landpflanzen reifen in speziellen Organen, den Staubbeuteln, heran; in gewisser Wei-

Eine einzige Schafherde trägt im Durchschnitt etwa drei Millionen Samen von 100 verschiedenen Pflanzenarten umher. Mitunter heften sich auch die fein gezackten Samen der Acker-Ringelblume an das Fell von Tieren

se sind das die pflanzlichen Hodensäcke (siehe Seite 82).

Je nach Art können die ganz unterschiedlich aussehen: Bei Birken etwa hängen die männlichen Geschlechtsorgane wie kleine gelbe Schnüre neben den grünen, noch nicht vollständig entfalteten Laubblättern; bei Kiefern verbergen sie sich in kleinen männlichen Zapfen; und manche Gräser bilden sie in eiförmigen Päckchen an der Spitze ihrer Halme.

Sobald diese Staubbeutel reif sind, entlassen sie nach und nach Myriaden von Pollenkörnern. Die sind so klein und leicht, dass sie vom Wind fortgetragen werden.

Mitunter weht die Luft ein solches Pollenkorn auf eine dafür vorgesehene Stelle des weiblichen Geschlechtsorgans:

• Bei Nadelbäumen bleibt es dort haften, keimt, bildet einen kurzen Schlauch, und die im Pollenkorn versteckte männliche Keimzelle vereinigt sich mit der Eizelle.

• Bei Blütenpflanzen landet das Pollenkorn zunächst auf einer Art Stiel, der aus der Blüte ragt, dem Griffel. Auch dort keimt es, treibt dann aber einen langen Schlauch in den Griffel hinein und gelangt schließlich zu den Eizellen. Die liegen tief im Inneren der Blüte, geschützt auf dem Grund eines bauchigen Fruchtknotens.

Gleich einem befruchteten menschlichen Ei, aus dem nach und nach ein neuer Mensch heranwächst, reift aus männlichen Keimzellen und weiblichem Ei ein Samen, etwa ein Getreidekorn, ein Kirschkern oder eine Kastanie. Daraus sprießt dann die neue Pflanze.

JENE POLLENKÖRNER, die den Wind als Vehikel nutzen, können ihren Geschlechtsverkehr sogar über große Distanzen betreiben. Manche bilden kleine Luftsäcke aus, die sie noch leichter machen. Gelegentlich fliegen sie Tausende Meter hoch und Tausende Kilometer weit. So ist es vermutlich schon vorgekommen, dass ein Kiefern-Pollen aus Deutschland eine Kiefern-Eizelle in den USA befruchtet hat.

Der Wind jedoch ist nicht steuerbar: Nur der Zufall entscheidet, ob ein Pollenkorn auf der richtigen Stelle landet; von 2,5 Millionen Haselnuss-Pollen befruchtet im Schnitt nur ein einziger eine Eizelle.

Deshalb bildet eine einzelne Roggen- oder Maispflanze gut 20 Millionen Pollenkörner, die des Sauerampfers gar 400 Millionen. Und einige Nadelbaumarten, so die Fichte, bringen derart viele Pollen hervor, dass sie in honiggelben Schwaden durch den Wald ziehen, bis sie auf den Waldboden sinken oder manchen See mit einer schmierigen Schicht überziehen.

Das Ganze ist ein Lotteriespiel um den Sex, bei dem die Gewächse enorme Mengen an Energie verlieren.

VIELLEICHT WAR ES GENAU diese Verschwendung von Ressourcen, die vor mehr als 100 Millionen Jahren die wohl größte Innovation im Florenreich in Gang setzte: Einige der Blütenpflanzen gingen eine Allianz mit Insekten ein.

Nach und nach hatten sie ihre zuvor eher unscheinbaren Blüten zu auffälligen Schauapparaten umgewandelt. Sie umgaben Pollensäcke und Eizellen mit Kränzen aus farbigen Blättern, verströmten betörende Düfte und warben so um die Gunst der Sechsbeiner. Kurz: Sie bildeten immer aufwendigere Blüten aus.

Fliegen, Bienen und Hummeln suchten fortan gezielt jene Neuartigkeiten der Natur auf – angelockt von deren Farben, Formen, Düften – und fanden in ihrem Inneren eine nahrhafte, zuckrige Flüssigkeit: den Nektar.

Es begann ein Tauschgeschäft, welches das Bild der Erde radikal veränderte: Denn ohne es überhaupt zu registrieren, treten seither unzählige Insekten in den Dienst der pflanzlichen Sexualität.

Sobald sie etwa in einer Blüte nach Nektar suchen, streifen sie an den Staubbeuteln vorbei und nehmen Pollenkörner mit. Fliegen sie dann zur nächsten Blüte, berühren die Sechsbeiner bei ihrem Besuch garantiert jenen klebrigen Punkt des weiblichen Geschlechtsorgans (die Narbe), an dem die männlichen Keimzellen haften bleiben und ihren Schlauch in Richtung

Auf Wiesen locken Blumen auch mit **Farben,** die für uns unsichtbar sind

Weit mehr als die Hälfte aller Blütenpflanzen in Deutschland werden von Tieren verbreitet. Der Samen der Echten Nelkenwurz etwa verhakt sich im Fell von Säugern und fällt andernorts zu Boden

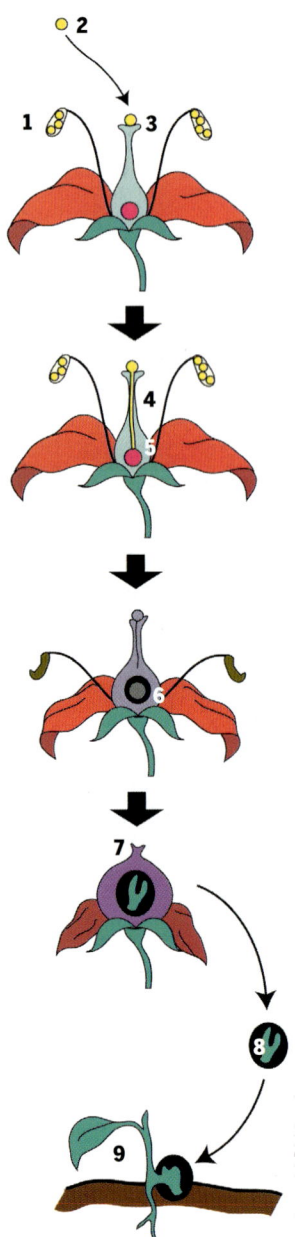

Blüten bilden ihre männlichen Pollenkörner in Staubbeuteln (1). Fällt das Korn einer fremden Blüte (2) auf die Narbe (3) des weiblichen Geschlechtsorgans, treibt ein Schlauch (4) zur Eizelle (5) aus. Mit ihr verschmilzt eine männliche Keimzelle. Ein Samen (6) entsteht, der von einer Frucht (7) umschlossen wird. Fällt diese etwa auf den Boden, keimt der im Samen ruhende Embryo (8): Eine junge Pflanze (9) wächst heran

Eizelle austreiben können (siehe nebenstehende Illustration).

Da die meisten Blüten Zwitter sind, kann ein Insekt theoretisch bei jedem Besuch eine Eizelle befruchten und gleichzeitig Pollenkörner für die nächste Befruchtung mitnehmen.

Die Blütenpflanzen haben durch ihre Allianz mit den Insekten gleichsam den Zufall überwunden. Indirekt nutzen sie die Augen, Fühler und Flügel der Tiere, gehen mit deren Sinnen auf Partnersuche und müssen deshalb weit weniger Pollen bilden als windbestäubende Gewächse.

DIE BEFRUCHTUNGSSTRATEGIE der Blütenpflanzen war derart effizient, dass unter ihnen seit Jahrmillionen ein Wettstreit darum stattfindet, wer die meisten Kuriere anlockt. Denn je üppiger die Farben, je intensiver der Duft, desto mehr Tiere finden ihren Weg zu den Geschlechtsorganen.

Viele Blüten haben daher inzwischen besondere Farbstoffe ausgebildet: Auf Blumenwiesen etwa locken etliche Blüten (darunter Löwenzahn, Anemone und Nachtkerze) mit ultravioletten Mustern aus Punkten und Streifen, die für das menschliche Auge unsichtbar sind. Bienen, Schmetterlingen oder Hummeln dagegen erscheinen sie wie Landebahnen zu reichhaltigen Futterplätzen.

Zahlreiche Pflanzen verströmen verlockende Düfte und betören damit die Insekten – zum Teil so stark, dass die immer wieder die gleichen Blüten aufsuchen. Helmblumen etwa locken mit ihrem Geruch die Männchen ganz bestimmter Bienen an. Die kratzen den Duftstoff aus den Blüten und bezirzen damit Weibchen.

Manche Lockdüfte, die Insekten verführen, stinken für die menschliche Nase bestialisch: Die Rafflesia in Südostasien etwa ahmt den Geruch eines faulenden Fleischstückes nach. Kadavern gleich liegen die bis zu einen Meter großen Blüten auf dem Waldboden und schillern in Rot- und Brauntönen. Angelockt durch den Verwesungsgestank, schwirren Aasfliegen herbei.

DIESES SPIEL MIT DEM BETRUG haben vor allem die Schönsten unter den Blütenpflanzen zum Prinzip erhoben: die Orchideen. So wackeln manche Arten im Wind mit fühlerähnlichen Blütenständen – vorbeifliegende Wespenmännchen sehen die Blütenstände als Rivalen an, fühlen sich bedroht und kämpfen mit dem Trugbild. Dabei heften ihnen die Pflanzen Pollen auf den Leib.

Andere Orchideen nutzen gar den Sexualtrieb der Insekten: Die Blüte der Spiegel-Ragwurz ahmt den Hinterleib eines Bienenweibchens nach und verströmt auch dessen spezifischen Sexual-Lockstoff – ein unwiderstehliches Signal für Bienenmännchen, die ausgiebig versuchen, mit den Blüten zu kopulieren. Und sie dabei bestäuben.

Seit Blütenpflanzen die Muskeln und Sinnesorgane von Tieren ausnutzen, haben sich Abertausende neue Wege des Geschlechtsverkehrs eröffnet. Nicht zuletzt deshalb haben sie weitaus mehr Arten hervorgebracht als jede andere Gewächsgruppe. Fast scheint es, als habe die Evolution mit ihnen die perfekten Landpflanzen erfunden.

Und doch kennt die Natur kein Ziel, verfolgt keinen vorgezeichneten Weg. So haben manche Blütenpflanzen die Kontinente wieder verlassen und sich jenem Milieu angepasst, dem einst ihre Vorfahren entstiegen waren – etwa eine bestimmte Seegrasart, deren Pollen länglich sind wie kleine U-Boote.

Noch werden sie passiv mit der Strömung verdriftet, und der Zufall entscheidet, ob sie auf eine Eizelle treffen.

Doch wer weiß? Vielleicht bilden die Pollen in ferner Zukunft wieder ein Schwänzchen aus – und rudern wie einst ihre Ur-Vorfahren aus eigener Kraft zu ihrem Ziel. □

> **MEMO | PFLANZEN**
>
>))) **PFLANZEN BESIEDELTEN** vor etwa 500 Millionen Jahren das Land.
>))) **UM IHR ERBGUT** zu durchmischen, bilden Gewächse Samen- und Eizellen.
>))) **DIE MEISTEN** Blütenpflanzen sind Zwitter.
>))) **VOR MEHR** als 100 Millionen Jahren gingen Blütenpflanzen eine Allianz mit Insekten ein.

Sebastian Witte, 25, ist Wissenschaftsjournalist in Hamburg. Der Kieler Fotograf **Solvin Zankl**, Jahrgang 1971, erhielt kürzlich den Deutschen Preis für Wissenschaftsfotografie für diese GEO-Reportage über die Artenvielfalt einer Weidelandschaft.

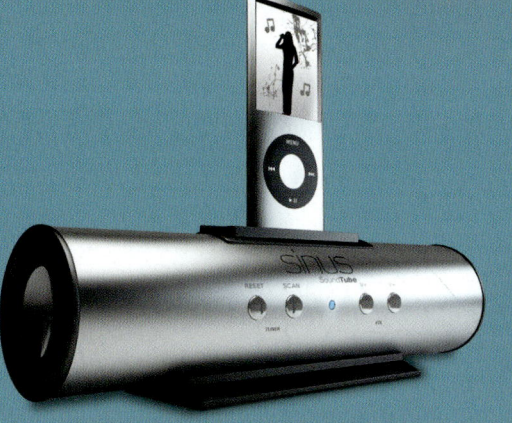

Lange galt Homosexualität als Entwicklungsstörung. Ärzte gaben Schwulen Elektroschocks oder operierten ihre Gehirne. Heute weiß man, dass deren Neigung ganz natürlich ist und dass sich homosexuelles Verhalten bei Primaten vermutlich vor 50 Millionen Jahren entwickelt hat

Das Paradoxon der Homosexualität

Nicht nur Menschen fühlen sich zum gleichen Geschlecht hingezogen. Auch manche Affen und Löwen, Gänse und Wale gehen schwule oder lesbische Partnerschaften ein. Was bei vielen Spezies im Tierreich wie eine sexuelle Spielart erscheint, gibt Evolutionsforschern indes Rätsel auf: Wie kann sich ein Verhalten durchsetzen, das seine Träger daran hindert, Nachwuchs zu zeugen und so ihr Erbgut an die nächsten Generationen weiterzugeben?

Text: Ute Eberle; Fotos: Erika Larsen

Schon lange sind „Z" und „Vielpunkt" ein Paar. Nun haben die beiden Humboldt-Pinguine im Zoo von Bremerhaven endlich Nachwuchs: Sie bebrüten ein Ei. Es ist zwar nicht ihr eigenes – ein anderes Pärchen hat es aus dem Nest gestoßen. Doch die beiden Vögel haben es adoptiert. Und als das Küken schließlich schlüpft, füttern sie es mit vorverdautem Fischbrei. Eben so, wie es üblich ist bei Pinguineltern.

Nur: Z und Vielpunkt – jeweils benannt nach dem Muster ihres Brustgefieders – sind beide männlich. Sie bilden eine homosexuelle Partnerschaft.

Das ist keineswegs ungewöhnlich. Allein im Zoo von Bremerhaven leben drei schwule Pinguinpärchen. Und auch sonst mehren sich Berichte über homosexuelles Verhalten im Tierreich.

So bespringen männliche Bisons andere Männchen mitunter so oft wie Weibchen. Männliche Schwertwale befriedigen sich, indem ein Tier mit seiner Rückenflosse in den Genitalbereich des anderen eindringt. Elefantenkühe stimulieren sich gegenseitig mit ihren Rüsseln. Delfinweibchen setzen ihre Schnauze bei der Partnerin als Dildo ein. Paviane nuckeln am Penis anderer Männchen.

Manche Grizzlyweibchen formen Lebensgemeinschaften, in denen beide auch das Junge der anderen säugen. Männliche Große Tümmler haben regelmäßig Sex mit anderen Männchen. Sie ziehen mit gleichgeschlechtlichen Partnern durch das Meer, schützen sich gegenseitig vor Haien und bleiben ein Leben lang zusammen. Und acht Prozent aller Widder verweigern sich weiblichen Schafen ganz und gar.

Bei mehr als 1500 Tierarten ist gleichgeschlechtliches Verhalten beobachtet worden, selbst bei Insekten, Spinnen, Krebsen, Kraken und Würmern.

Beinahe sieht es so aus, als sei Homosexualität nichts als ein gewöhnlicher Schnörkel der Entwicklungsgeschichte. Entstanden aus einer sexuellen Spielfreude. Doch die gleichgeschlechtlichen Triebe stellen Forscher vor ein Rätsel.

DENN EIGENTLICH dürfte es die Homosexualität nicht geben: Eine Regel der Evolution besagt, dass sich langfristig nur jene Verhaltensweisen durchsetzen, die ihren Trägern helfen, sich zu vermehren – nur dann vermögen sie ihre Erbinformationen an die nächsten Generationen weiterzugeben.

Die Homosexualität stelle folglich „die Grundprämisse der Evolutionsbiolo-

> Je mehr **ältere Brüder** ein Junge hat, desto größer ist die **Chance**, dass er schwul wird

gie infrage", schreibt Joan Roughgarden, Biologin an der Stanford University.

2,8 Prozent aller Männer und 1,4 Prozent aller Frauen bezeichnen sich etwa in den USA als schwul oder lesbisch. Lange hatten Wissenschaftler Menschen, die sich zum gleichen Geschlecht hingezogen fühlten, unterstellt, dass sie an einer Entwicklungsstörung litten. Sigmund Freud sah ödipale Konflikte in der frühen Kindheit als Ursache, andere die Folgen von Ehekonflikten der Eltern.

Vielleicht, glaubten die Forscher, war eine Mutter zu fürsorglich gewesen, ein Vater zu fern. Oder die Eltern hätten sich insgeheim eine Tochter gewünscht und den Sohn entsprechend „verzogen".

Man gab Homosexuellen Elektroschocks, kastrierte sie, spritzte ihnen Hormone oder unterzog sie Gehirnoperationen, um ihnen ihre „unnatürlichen" Gelüste auszutreiben. Noch 1973 galt gleichgeschlechtliches Verlangen bei der American Psychiatric Association als Geisteskrankheit.

So tief war diese Einstellung verwurzelt, dass selbst Biologen zunächst nicht wahrhaben wollten, was sich in der Natur abspielte. Detailbeobachtungen über homosexuelles Verhalten bei Tieren gab es zwar bereits im 18. Jahrhundert. Doch die meisten Studien blieben unveröffentlicht – oder verschwanden in obskuren Journalen.

Manche Forscher interpretierten kurzerhand um, was sie sahen: Der Oralverkehr unter Orang-Utan-Männchen wurde zur „Ernährungsstrategie". Schlangen zwei weibliche Bonobo-Affen ihre Beine umeinander, rieben sich die Klitoris und quiekten dabei, erklärten Forscher das mit „Begrüßungsverhalten", „Versöhnungsverhalten" oder „Futteraustauschverhalten".

Und als „ritualisierte Kampfspiele" beschrieb ein Verhaltensbiologe den Analverkehr männlicher Giraffen – Ejakulation inbegriffen. Dabei machte das Besteigen eines anderen Bullen 94 Prozent aller Sexualkontakte aus, die ein Team während einer einjährigen Studie beobachtete.

Wer die Dinge beim Namen nannte, tat dies oft mit unverhohlener Missbilligung: Wissenschaftler gaben ihren Publikationen Titel wie „Sexuelle Perversion bei männlichen Käfern", „Abnormales Sexverhalten bei weiblichen Igeln in Gefangenschaft" oder „Eine Bemerkung zu den offenbar sinkenden moralischen Werten bei Schmetterlingen".

Mittlerweile aber haben Biologen die Stammesgeschichten von Affenarten zurückverfolgt, bei denen gleichgeschlechtliches Verlangen bekannt ist, und gehen davon aus, dass sich ihr homosexuelles Handeln vermutlich schon vor rund 50 Millionen Jahren entwickelt hat.

Heutzutage ist im Tierreich eine bemerkenswerte Vielfalt an Verhaltensweisen zu beobachten. Der Parasitenwurm *Moniliformis dubius* etwa „vergewaltigt" Rivalen und verstopft deren Genitalöffnung mit einem samenlosen Spermapfropf, sodass sie keine Weibchen begatten können.

Männliche Vampirfledermäuse hängen Bauch an Bauch an ihrem Rastplatz und lecken sich, während sie eine Erektion haben. Bei der afrikanischen Puku-Antilope sind allein die Weibchen gleichgeschlechtlich aktiv, bei den Amazonasdelfinen nur die Männchen.

Giraffen, Löwen und Wale treffen sich zum Gruppensex. Und Grauganserpel sind einander oft ein Leben lang treu.

INDIZIEN SPRECHEN inzwischen dafür, dass ein Individuum seine gleichgeschlechtlichen Neigungen nicht bewusst wählt – auch wenn die Forschung dazu noch in ihren Anfängen steckt und sich Wissenschaftler mit Thesen verständlicherweise zurückhalten.

So viel zumindest halten manche Forscher für möglich: Zum Teil sind wohl bestimmte Hormone im Mutterleib für

Immer mehr Indizien sprechen dafür, dass sich Menschen gleichgeschlechtliche Neigungen nicht aussuchen. Manche Forscher vermuten, dass beispielsweise bei Mädchen bereits vor der Geburt Hormone mitbestimmen, ob sie später Frauen begehren

eine Ausbildung von Homosexualität verantwortlich.

Die Wissenschaftler gehen davon aus, dass unter anderem Babys von gestressten Schwangeren mit einer höheren Wahrscheinlichkeit als der Durchschnitt homosexuell werden.

Und eine weitere Erkenntnis der vergangenen Jahre: Jeder leibliche ältere Bruder erhöht die Wahrscheinlichkeit, dass ein Junge schwul wird, um 33 Prozent. Vermutlich reagiert das Immunsystem der Mutter auf Zellen männlicher Föten, wenn die, etwa bei der Geburt, in ihren Blutkreislauf gelangen. Ihr Immunsystem bildet daraufhin Antikörper, die in das Gehirn des nächsten männlichen Fötus eingreifen können – und womöglich dessen sexuelle Orientierung beeinflussen.

Wie genau das geschieht, wissen die Forscher noch nicht. Doch bei einem von sieben Schwulen lässt sich das gleichgeschlechtliche Verlangen möglicherweise auf diesen Effekt zurückführen.

Zu etwa 40 Prozent spielen zudem offenbar Gene eine Rolle bei den sexuellen Neigungen. Forscher haben kalkuliert: Ist ein Sprössling schwul, verfünffacht sich die Chance, dass es der zweite auch ist. Handelt es sich um eineiige Zwillinge, also genetisch identische Menschen, beträgt die Wahrscheinlichkeit für den zweiten Sohn sogar rund 50 Prozent.

Daher, so die Wissenschaftler, gebe es in manchen Familien so viele gleichgeschlechtlich liebende Menschen.

Bei Lesben ist der Einfluss der Gene vermutlich kleiner, jener der vorgeburtlichen Hormone dagegen größer, sagt Qazi Rahman, Psychobiologe von der Queen Mary University in London.

Dagegen wird von Forschern heute bezweifelt, dass – wie früher häufig postuliert – vor allem das Verhalten der Eltern entscheidet, welche Neigung ein Mensch entwickelt. „Wohl niemand verdankt seine sexuelle Orientierung der Erziehung", so Rahman.

DIE EVOLUTION freilich kümmert nicht, wer sich zu wem hingezogen fühlt. Sondern nur, wer mit wem Nachkommen

zeugt. Doch auch Schwule und Lesben haben Kinder. Denn homosexuelles schließt heterosexuelles Verhalten nicht aus: Tiere praktizieren oft beides.

Gleichgeschlechtlich orientierte Menschen sind ebenfalls selten ausschließlich homosexuell aktiv. „Spricht man mit jungen Schwulen, schwören sie zwar, dass sie nie eine Frau ansehen werden", sagt Joan Roughgarden von der Stanford University. „Aber redet man mit 50-Jährigen, zeigt sich, dass sie zwischendurch oft Beziehungen mit Frauen hatten."

Die sexuelle Orientierung gleicht einem Gradienten mit vielen Zwischentönen. So ergeben Umfragen, dass auch etliche Heterosexuelle homoerotisch fantasieren. Schätzungen zufolge sind allein in den USA fast zwei Millionen Frauen mit einem Mann verheiratet oder waren es, der auch Sex mit Männern hat.

Dennoch: In der Regel, davon gehen Wissenschaftler aus, pflanzen sich homosexuell veranlagte Menschen etwa fünfmal seltener fort als Heterosexuelle. Und das ist nach den Erkenntnissen Charles Darwins ein eindeutiger Nachteil im Kampf um die Weitergabe des Erbguts.

Trotzdem hat die Evolution diese scheinbar so ungünstige Veranlagung über Jahrmillionen hinweg bewahrt.

Das geht, so vermuten Forscher, womöglich darauf zurück, dass es nicht das eine „Homosexuellen-Gen" gibt – also eine Erbinformation, die allein die Neigung zur Homosexualität begründet –, sondern dass es sich um ein komplexes Zusammenspiel mehrerer Gene handelt.

Denkbar wäre, dass jedes der Einzelgene Vorteile bietet – und dass nur dann ein evolutionsbiologischer Nachteil entsteht, wenn alle zusammenkommen.

Genetiker kennen ähnliche, wenn auch simplere Fälle – etwa die Sichel-

zellenanämie: eine Krankheit, bei der sich die roten Blutkörperchen in sichelförmige Zellen verwandeln.

Sie bricht nur dann in ihrer schweren Form aus, wenn ein Mensch das „Sichelzell-Gen" zweifach erbt – von beiden Elternteilen. In diesem Fall ist der Anteil des veränderten Hämoglobins im Körper so groß, dass der Krankheitsverlauf sehr schmerzhaft und schließlich tödlich ist.

Erhält ein Kind dagegen das Gen nur von einem Elternteil, weil etwa der Vater kein Träger ist, lebt es meist symptomfrei – und genießt sogar einen erhöhten Schutz vor Malaria.

In Gebieten mit starker Malariagefahr (etwa in Westafrika) bietet die Sichelzellenanlage einen so großen Vorteil, dass sie im Genom der Einheimischen weit häufiger zu finden ist als im Erbgut von Mitteleuropäern – obwohl das Gen ein tödliches Risiko birgt.

WORIN ABER könnten die Vorteile der unterschiedlichen Gene bestehen, die mitunter zu homosexueller Veranlagung führen? Studien aus Italien haben gezeigt: Mütterlicherseits haben die weiblichen Verwandten von Schwulen mehr Kinder als die von Heteros. Väterlicherseits dagegen ergibt sich kein solcher Unterschied.

Das bedeutet, so vermutet Qazi Rahman, dass ein Teil des weiblichen Erbguts, das sogenannte Geschlechts- oder X-Chromosom, Genvarianten enthalten kann, die sich günstig auf die Fruchtbarkeit auswirken. In bestimmten Kombinationen aber lassen diese Gene Jungen homosexuell werden.

Eine Studie aus Australien, bei der fast 5000 Personen befragt wurden, hat zudem ergeben: Heterosexuelle Männer, die sehr viele als „weiblich" geltende Eigenschaften besitzen – die besonders einfühlsam sind, zärtlich, freundlich –, haben mehr sexuelle Kontakte zu Frauen als männlich wirkende Heterosexuelle.

Das gleiche Muster gilt für Frauen mit überdurchschnittlich maskulinen Eigenschaften wie betontem Wettkampfgeist oder Offenheit für unverbindlichen Sex.

Vielleicht gibt es also Genversionen, die Männer und Frauen attraktiver füreinander machen, die sie also psychologisch annähern. Stoßen jedoch zu viele dieser erblich bedingten Wesenszüge aufeinander, beginnen die Betroffenen auch zu begehren wie das andere Geschlecht: Männer gelüstet es nach Männern und Frauen nach Frauen.

UND SELBST wenn die „homosexuellen" Gene keine Vorteile an sich bieten, könnten sie indirekt den Erfolg der Familie steigern. Etwa, weil ein kinderloser Schwuler seinen Geschwistern bei der Versorgung und Erziehung ihrer Kinder hilft. Bei Vögeln und einigen anderen Tieren ist diese Strategie als „Helfer am Nest" bekannt.

Sie ist evolutionsbiologisch sogar sinnvoll: Immerhin tragen Nichten und Neffen durchschnittlich 25 Prozent der Gene eines Onkels in sich (verglichen mit je 50 Prozent von Vater und Mutter).

Tatsächlich zeigen Untersuchungen, dass etwa Männer in Samoa, die sich zu reiferen Männern hingezogen fühlen, häufiger auf die Kinder ihrer Schwestern und Brüder aufpassen, mehr Spielzeug kaufen und sich auch stärker an den Arzt- und Schulkosten beteiligen als Heteromänner (selbst wenn die keine Kinder haben).

Für den Westen scheint diese Erkenntnis allerdings nicht zu gelten. Hier wahren Schwule oft sogar größere Distanz zur Familie und unterstützen ihre Geschwister finanziell weniger als heterosexuelle Männer.

NOCH ERGEBEN SICH solche Zusammenhänge zwischen Genen, homosexueller Ausrichtung und evolutionären Vorteilen nur aus statistischen Untersuchungen. Kein einziges der vermeintlichen „Homosexuellen-Gene" haben Wissenschaftler bislang molekularbiologisch ausmachen können. Kein einziger biochemischer Mechanismus ist bisher aufgedeckt worden, der etwa eine Verbindung zwischen Genen und psychologischen Eigenheiten erklären würde.

Vielleicht hat Charles Darwin in Bezug auf Sex einfach nicht weit genug gedacht. „Wir sehen Sex gern als reinen Mechanismus zur Fortpflanzung", sagt Petter Bøckman vom Osloer Naturhistorischen Museum. „Aber Sex ist lustvoll und kann damit auch andere Funktionen erfüllen."

Unter jenen Arten, für die homosexuelles Verhalten belegt ist, befinden sich auffallend viele intelligente, in Gruppen lebende Tiere. Das liegt möglicherweise daran, dass in solchen Verbänden fast automatisch soziale Spannungen entstehen. Und die lassen sich mit gleichgeschlechtlicher Zuneigung abbauen.

Besonders aufschlussreich erscheinen Studien über Bonobos aus Zentralafrika. Diese Schimpansenart lebt in Gruppen von bis zu 50 Tieren, die als „Sex-Enthusiasten" gelten: Die Männchen bespringen sich, massieren einander die Genitalien und küssen sich mit offenem Mund und „beachtlicher beidseitiger Zungenstimulation", wie der Biologe Bruce Bagemihl schreibt.

Vor allem die Weibchen stimulieren sich gegenseitig: Im Schnitt reiben sie einmal pro Stunde ihre Klitoris gegen die einer anderen. Die Männchen betreiben gelegentlich „Penis-Fechten". Dazu hängen sie sich an Äste und scheuern ihre erigierten Geschlechtsorgane aneinander. Insgesamt pflegen Bonobos häufiger gleich- als gegengeschlechtliche Kontakte.

Besonders sexuell aktiv werden die Affen in bestimmten Futtersituationen. Frisst die Sippe von einem Afrikanischen Brotfruchtbaum, der oft nur zehn Früchte bietet, die aber mehrere Kilogramm schwer sind und geteilt werden müssen, schnellt die Zahl der homosexuellen

Akte nach oben. Zieht der Trupp dagegen zu einem *Irvingia gabonensis*, einem etwa 40 Meter hohen Baum, der hundertfach Kleinobst produziert, bleibt das gleichgeschlechtliche Treiben eher ruhig.

Ein ähnliches Verhalten lässt sich bei Hausrindern verfolgen: Stiere bespringen einander öfter, wenn der Stresspegel steigt – wenn neue Tiere zur Herde stoßen oder sich die Futtergabe verspätet.

Möglicherweise hilft der gleichgeschlechtliche Kontakt auch, Allianzen zu begründen. Die Männchen der Anubispaviane etwa befingern bei der Begrüßung gegenseitig ihre Hoden und Penisse. Biologen sehen darin eine Verbrüderungsstrategie.

„Legt ein Männchen seine verletzlichen Geschlechtsteile in die Hände eines anderen, ist das ein Ausdruck gegenseitigen Vertrauens", schreiben die Evolutionsforscher Paul Vasey und Volker Sommer. Oft fordern die durch häufige sexuelle Kontakte Verbündeten gemeinsam andere Männchen heraus – und gewinnen dadurch den Kampf häufiger als in anderen Allianzen.

Anthropologen kennen ähnliche Rituale auch von Menschen. Bei manchen Ureinwohnern Australiens galt das Halten des Penis eines anderen Aborigine als Geste der Loyalität und sei traditionell Teil der Konfliktbewältigung, schreibt Bagemihl.

Manche Forscher spekulieren daher, dass Homosexualität einst eine Basis bot, auf der Männchen lernten zusammenzuleben. Dass dadurch immer komplexere Lebensgemeinschaften möglich wurden. Und dass die gleichgeschlechtliche Liebe womöglich dazu beigetragen hat, dass unsere moderne Gesellschaft entstanden ist. □

Ute Eberle, 38, ist Wissenschaftsjournalistin in Leiden, Niederlande. Die Fotografin **Erika Larsen** lebt in New York und Washington. Ihre Porträts homosexueller Paare entstanden für das Fotobuch „American Youth". Wissenschaftliche Beratung: **Dr. Volker Sommer**, Department of Anthropology, University College London.

Literatur: Joan Roughgarden, „Evolution's Rainbow", University of California Press.

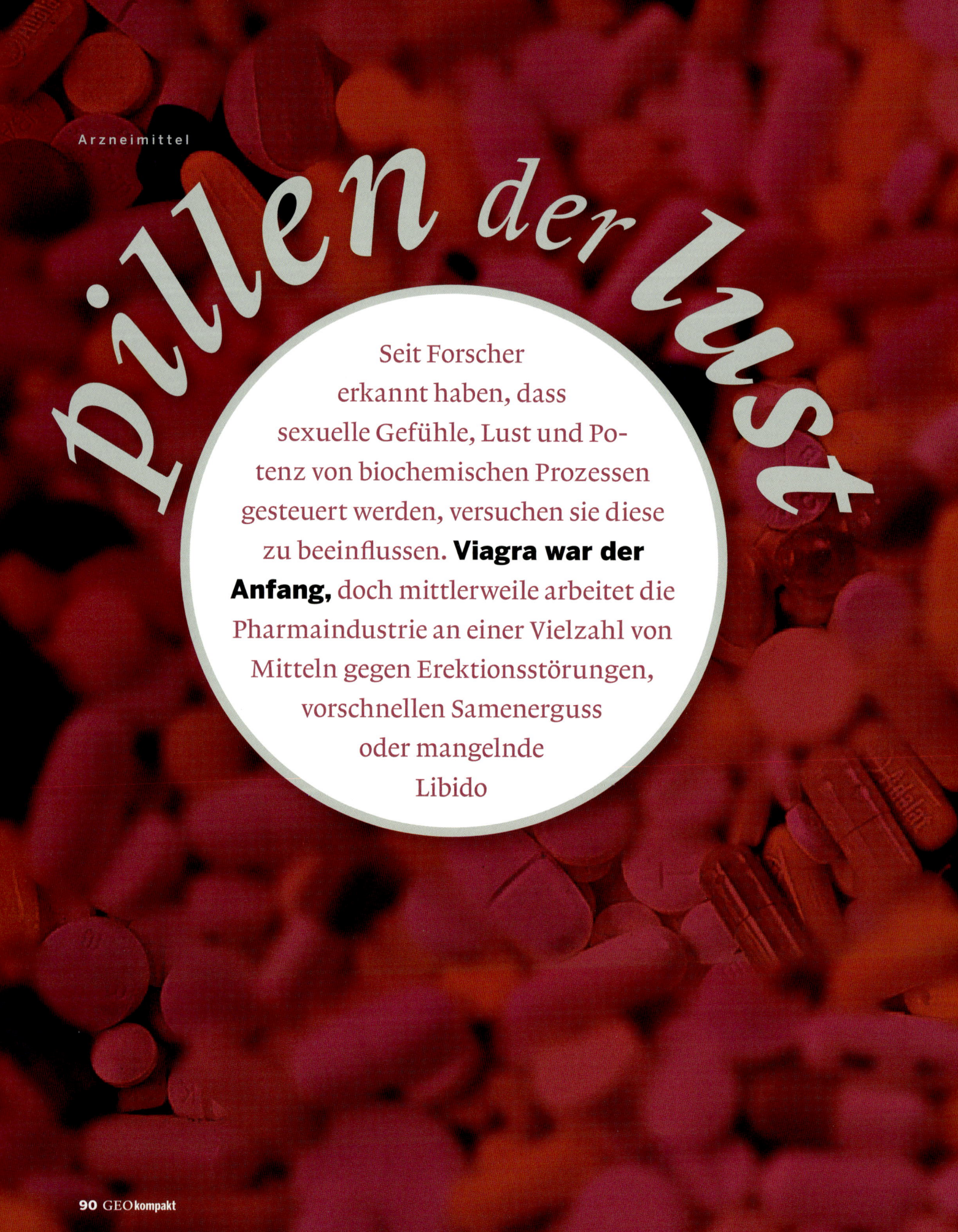

pillen der Lust

Seit Forscher erkannt haben, dass sexuelle Gefühle, Lust und Potenz von biochemischen Prozessen gesteuert werden, versuchen sie diese zu beeinflussen. **Viagra war der Anfang,** doch mittlerweile arbeitet die Pharmaindustrie an einer Vielzahl von Mitteln gegen Erektionsstörungen, vorschnellen Samenerguss oder mangelnde Libido

Text:
Martin Paetsch

DIE RATTENWEIBCHEN im Labor von Jim Pfaus hatten keine Lust auf Sex. Jedes Mal, wenn sich ihnen ein Männchen näherte, wehrten sie sich, boxten mit den Vorderpfoten oder rollten sich zur Verteidigung auf den Rücken.

Als der kanadische Forscher von der Concordia University in Montreal den lustlosen Nagern aber eine Spritze verabreichte, änderte sich ihr Verhalten schlagartig: Sie wandten sich den Männchen zu, um deren Aufmerksamkeit zu erregen, und schossen dann in gespielter Flucht davon, forderten ihren Gegenpart auf, sie zu verfolgen. Einmal eingeholt, reckten sie ihr Hinterteil in die Höhe – und erleichterten den Männchen damit das Aufspringen.

Erregung und sinnlicher Genuss galten lange als abstrakte Empfindungen. Erst seit wenigen Jahrzehnten haben Wissenschaftler wie Jim Pfaus durch systematische Experimente enthüllt, dass sexuellen Hochgefühlen biochemische Prozesse zugrunde liegen. Dass ein fein austariertes Ensemble körpereigener Drogen die Libido orchestriert.

Die Lust lässt sich folglich mit künstlich hergestellten Substanzen manipulieren. Je nach Wunsch ankurbeln oder bremsen. Doch die Forschung steht noch am Anfang.

Das ferne Ziel: Die Menschen sollen irgendwann einmal in der Lage sein, ihre unberechenbaren Triebe punktgenau zu steuern – sozusagen auf Knopfdruck.

Das wäre nicht nur ein Segen für all jene, die unter Lustlosigkeit leiden, sondern auch für die Menschen, die durch allzu rasche Erregung zu früh, manchmal in Sekundenschnelle, zum Orgasmus kommen.

FÜR DIE PHARMAINDUSTRIE sind die Probleme mit der Leidenschaft seit Jahren schon ein Milliardengeschäft.

Begonnen hat das Rennen um die Zulassung der Stimulanzien vor elf Jahren mit einem Mittel gegen Impotenz: Viagra, die kleine blaue Pille – das große Vorbild.

Der Wirkmechanismus scheint denkbar simpel: Sobald ein Mann Lust auf Sex hat, lässt Viagra die Muskeln der Gefäße im Schwellkörper seines Penis erschlaffen, die sich dadurch mit Blut füllen und so zu einer Erektion führen.

Bereits wenige Wochen nach der Markteinführung 1998 entwickelte sich die Pille zu einem Kassenerfolg. Kaum ein anderes Medikament hat je zuvor in so kurzer Zeit einen solchen Bekanntheitsgrad erreicht.

Viagra kam, so sahen es zumindest manche Forscher, einer sexuellen Revolution gleich, wie es sie seit der Einführung der Anti-Baby-Pille nicht gegeben hat. „Erstmals konnten Männer einfach, schnell und wirksam ihre Erektionsstörungen bekämpfen", sagt der Hamburger Sexualmediziner Hartmut Porst. „Und vor allem ist Viagra, anders als etwa eine Spritze, leicht anzuwenden."

Allein im Jahr 2008 haben Viagra und zwei ähnlich wirkende Stoffe (Cialis vom US-Unternehmen Lilly und Levitra von

Bayer) einen Umsatz von mehr als 2,7 Milliarden Euro erwirtschaftet.

Dabei wirken die Erektionsmittel lediglich „hydraulisch", also gar nicht luststeigernd: Ohne zusätzliche sexuelle Reize regt sich bei dem Kunden gar nichts, er bekommt allenfalls Kopfschmerzen oder Durchfall.

Inzwischen träumen Liebesforscher von der nächsten, der „dritten sexuellen Revolution". Sie richten ihren Fokus auf das erogenste Organ des menschlichen Körpers: unser Gehirn.

Und sie versuchen gleichsam Viagra 2.0 zu erschaffen – eine Generation von Wirkstoffen, die direkt in die Schaltkreise der Lust eingreifen.

Da liegt ein umsatzstarker Markt der Zukunft.

EINE DER NEUARTIGEN DROGEN haben die Pharmakologen bereits zur Marktreife gebracht. Sie schafft Abhilfe bei einem Problem, das noch weiter verbreitet ist als Erektionsstörungen: Fast jeder vierte Mann leidet unter vorschnellem Samenerguss.

Das Produkt wirkt wie eine Art Anti-Stimulanz: Der Wirkstoff Dapoxetin scheint die Weitergabe eines Botenstoffs im Gehirn zu behindern und verzögert dadurch den Orgasmus.

Erhältlich unter dem Handelsnamen Priligy, konnte das Medikament in vielen Studien mit Betroffenen die Zeit vom Eindringen des Penis in die Vagina bis zur Ejakulation von durchschnittlich knapp einer Minute auf bis zu drei Minuten verlängern. Das hört sich vielleicht wenig an. Doch jede zusätzliche Minute vermag etlichen Paaren enorme Spannungen und Stress, Frust und Unzufriedenheit zu nehmen.

„Früher hat man die Betroffenen noch zum Psychologen geschickt", sagt Hartmut Porst. „Erst seit Kurzem weiß man, dass die vorschnelle Ejakulation oft genetische Ursachen hat."

DIE SEXUELLEN GEBRECHEN des Mannes sind aber nicht das einzige Ziel der pharmakologischen Forschungen. Zunehmend befassen sich Wissenschaftler auch mit der weiblichen Libido.

Jahrzehntelang sahen sie in den Sex-Problemen vieler Frauen nur Zeichen von Frigidität. Sigmund Freud versuchte die „Geschlechtskälte" gar mit einem angeblich weiblichen Unvermögen zu erklären, sich nach der Kindheit der Vagina zuzuwenden.

Tatsächlich klagen heute weit mehr Frauen als Männer über Schwierigkeiten beim Sex. US-Studien zufolge leidet fast jede zweite Frau zwischen 18 und 59 Jahren unter einer „sexuellen Dysfunktion" (auch wenn manche Experten die Aussagekraft solcher Umfragen bezweifeln).

Doch die weibliche Libido ist viel schwerer zu enträtseln als die des Mannes. „Bei der Sexualität der Frau spielen mehr Faktoren eine Rolle als beim Mann", sagt Hartmut Porst. „Um sexuelle Störungen zu behandeln, brauchte man deshalb eigentlich mehrere Medikamente."

Schon der Viagra-Hersteller Pfizer scheiterte, als Pharmakologen den gleichen Wirkstoff an Frauen erprobten: Zwar verbesserte sich die Durchblutung der Klitoris, doch die Probandinnen fühlten sich keineswegs stärker erregt. Nach acht Jahren Forschung gab der Pharmariese schließlich auf.

Der US-Konsumgüterkonzern Procter & Gamble wirbt dagegen bereits mit einem Hormonpflaster um Kundinnen, die „das Kribbeln zurückwollen". Doch klinische Tests lassen daran zweifeln, wie groß der Nutzen des Medikaments mit Namen Intrinsa tatsächlich ist – 36 Prozent jener Teilnehmerinnen, die ein wirkungsloses Placebo erhalten hatten, verspürten ebenfalls einen Lustgewinn.

AUF WIRKLICH VIELVERSPRECHENDE Mittel stoßen Wissenschaftler oft durch Zufall. So sollte die Wirksubstanz in Viagra eigentlich zur Behandlung von Bluthochdruck eingesetzt werden – bis Probanden bemerkten, dass sie leichter eine Erektion bekamen.

Auch das deutsche Pharmaunternehmen Boehringer Ingelheim suchte vor Jahren eigentlich nach einem schnell wirkenden Medikament gegen Depressionen, als einige weibliche Studienteilnehmer völlig unerwartet über aufflammendes Begehren berichteten.

Der Konzern hofft nun, das Medikament unter dem Namen Flibanserin auf den Markt bringen zu können. Und Profit aus der Rückkehr erloschener Lustgefühle zu schlagen.

Selbst ein Vorläufer jenes Mittels, das Jim Pfaus seinen Ratten injiziert, war 1996 zunächst noch als innovativer Selbstbräuner geplant. Ganz ohne Sonne sollte der Stoff aus der Gruppe der Melanokortine die Haut tönen. Doch zwei der drei männlichen Testpersonen litten unter Übelkeit, sie gähnten – und hatten Erektionen.

Die US-Firma Palatin Technologies entwickelte den potenten Selbstbräuner weiter zu einer Substanz namens „PT-141", die Wissenschaftler wie Jim Pfaus an Ratten erprobten. Heute, 18 Jahre später, scheint der Durchbruch bevorzustehen – zumindest bei den Nagern.

„Durch das Medikament steigt die Libido der Rattenweibchen mitunter so stark an, dass sie vor lauter Ungeduld die Männchen bespringen", so Pfaus. Die von ihm gespritzte Sexdroge wirkt direkt auf das Gehirn der Tiere. Dort stimuliert die Substanz eine Region, die sexuelle Begierde entfacht.

Die Melanokortine gehören heute zu den aussichtsreichsten Kandidaten für Lustmittel der zweiten Generation. Zwar hat die amerikanische Gesundheitsbehörde die Zulassung von PT-141 verweigert – in ersten Versuchen am Menschen stieg der Blutdruck einiger Probanden zu stark an. Doch der Hersteller arbeitet bereits an einem verwandten Stoff, der angeblich weniger Nebenwirkungen zeigt.

Er soll in Zukunft eine vergleichbare Wirkung entfalten wie PT-141, das den Probanden als Nasenspray verabreicht worden war und angenehme Lüsternheit bei Männern und Frauen weckte.

Dass die Mittel bei Menschen und Tieren ähnlich wirken, ist für den Neurobiologen Jim Pfaus keine Überraschung: „Ratten tun es auf ihre Weise, wir auf die unsere", sagt er. „Aber die Chemie der Lust ist bei Nager und Mensch die gleiche." □

MEMO | LUST

》》 **MEHR FRAUEN** als Männer klagen über Probleme beim Sex.
》》 **DER WIRKSTOFF „PT-141"** stimuliert die Begierde.
》》 **FAST JEDER** vierte Mann leidet unter vorzeitigem Samenerguss.
》》 **MANCHE STOFFE** wirken direkt auf das Gehirn ein.

Martin Paetsch, 38, ist Wissenschaftsjournalist in Hamburg und schreibt regelmäßig für GEOkompakt.

VOM **WESEN** DER
ZWEISAM

KEIT

Mit enormem Aufwand und mathematischer Präzision versuchen Beziehungsforscher, das komplexe Regelwerk der Liebe zu entschlüsseln. Tausende Paare haben sie mittlerweile beobachtet und verstehen immer besser, weshalb manche Beziehungen jahrzehntelang halten, andere dagegen von vornherein zum Scheitern verurteilt sind

Mitunter gleichen sich sogar die Körperfunktionen zweier Partner an: etwa die Hormonausschüttung, der Blutdruck, der Schlaf. In ihren preisgekrönten Arbeiten »Closer« und »Crisis« hat die Fotografin Elinor Carucci ihre eigene Ehe und die Beziehung ihrer Eltern zueinander aufgearbeitet

Text: Harald Martenstein
Fotos: Elinor Carucci

Eine kleine Wohnung in Seattle. Ein Paar sitzt am Tisch und frühstückt. Die beiden sind etwa 40 Jahre alt, nennen wir sie Paula und Fred. Paula hat sich einen Toast zubereitet und schaut zum Fenster hinaus. Fred blättert in der Zeitung. An seinem Hemd und an Paulas Bluse sind Mikrofone befestigt, an ihren Körpern tragen sie Sensoren, an den Wänden hängen drei Videokameras. Die beiden frühstücken im „Liebeslabor" des Psychologieprofessors John Gottman.

Das Labor liegt auf dem Campus der Universität in Seattle, es hat eine Küche, eine Essecke, ein komfortables Bad und einen Nebenraum. Darin verfolgen Wissenschaftler, Techniker und Studenten auf Monitoren jede Bewegung von Paula und Fred, jede Geste.

Sie hören über Lautsprecher jedes ihrer Worte, die Sensoren registrieren Herzfrequenz und Hautwiderstand – Anzeichen von Stress oder Entspannung.

Gottman beobachtet seit über 20 Jahren auf diese Art Paare; einige Tausend Probanden haben bereits ihre Beziehung durchleuchten lassen. Sie sollen sich im Ehelabor so verhalten, als wären sie zu Hause. Nur im Bad und im Bett werden sie nicht beobachtet.

Im Sekundentakt wird das Mienenspiel der Probanden erfasst: Wut zeigt sich am zeitgleichen Sen-

Glückliche Partner leben gesünder als Singles – und sie haben eine stärkere Immunabwehr

ken der Augenbrauen, am Anspannen der unteren Augenlider und am Zusammenpressen der Lippen; Verachtung zieht den linken Mundwinkel nach oben, bei Traurigkeit kräuselt sich die Stirn zwischen den Augenbrauen. Solche nicht-sprachlichen Äußerungen gelten als besonders aufschlussreich, weil Menschen sie kaum beeinflussen können.

Insgesamt erfassen die Forscher in Seattle zehn negative und fünf positive Gefühlskomplexe: Neben Wut, Missachtung und Traurigkeit noch Machtdemonstration, Abwehr, Angst, Dominanz, Abwenden, Jammern und „Mauern" sowie Bestätigung, Humor, Freude, Zuwendung, Interesse.

Auch die Konflikte der Partner werden codiert: Wie viele Sekunden währt ein Streit, wie oft eskaliert eine Auseinandersetzung, wer beschwichtigt häufiger? Schließlich werten die Forscher noch die Daten der Körpersensoren aus.

Daraus erstellt Gottman für jedes Paar Statistiken. Etwa: 37-mal Kritik in zehn Minuten von Paula, viermal Verachtung und einmal Machtdemonstration von Fred, wobei sein Herzschlag von 88 auf 120 sprang.

Zudem wirft der Computer das Diagramm zweier mathematischer Gleichungen aus, denen Gottman die Gleichgewichtspunkte der Beziehung entnimmt: Wo sich die Kurven immer wieder schneiden, da liegt gleichsam der Kern der jeweiligen Partnerschaft – mal im roten Bereich endloser Konflikte, mal in der ruhigen Zone liebevoller Zuwendung.

Der 67-jährige Forscher ist sicher, dass seine Gefühlsgeometrie das Wesen der Zweisamkeit erfasst: „Ich muss ein Paar nur fünf Minuten beobachten, dann kann ich sagen, ob es sich scheiden lassen wird oder nicht." Angeblich beträgt die Trefferquote seiner Voraussagen phänomenale 91 Prozent.

Ist unser Beziehungsleben tatsächlich so leicht zu durchschauen? Funktioniert Liebe mit mathematischer Regelmäßigkeit? Ist also im Labor das Geheimnis von Paarbeziehungen entschlüsselt worden?

Ganz so weit würden die meisten Forscher nicht gehen. Aber kaum einer zweifelt daran, dass es wesentliche Gesetzmäßigkeiten von Beziehungen gibt. Sie können angeben, welches Gesprächsverhalten eine Beziehung ruiniert, sie sagen präzise die Krisenpunkte einer Liebe voraus, sie wissen, wieso glückliche Partner länger leben.

Längst ist die Paarforschung zu einem der größten Felder der Psychologie angewachsen; in einer übergeordneten Meta-Analyse stießen die beiden Amerikaner Benjamin Karney und Thomas Bradbury bereits 1995 auf insgesamt 115 Langzeitstudien, die sich allein mit der Frage beschäftigen, was gute Ehen erfolgreich macht. In diesen Studien hatten Forscher bis dahin Daten von 45 000 Paaren erfasst, mehr als 200 mögliche Einflussfaktoren untersucht und 900 unterschiedliche Wirkmechanismen vorgeschlagen.

Paarbeziehungen sind heute heikler als je zuvor. Erst seit rund drei Jahrhunderten dringt die Idee der romantischen Liebe vor (siehe Seite 64). Ein schwieriges Konzept: Der Partner muss mehr sein als ein halbwegs verlässlicher Arbeitspartner, den man im Laufe der Zeit kennen und manchmal lieben lernt.

Heute soll er oder sie alles auf einmal bieten: tiefes Verständnis, leidenschaftlichen Sex, vollkommene Akzeptanz. Der Partner muss in Krisen unterstützen,

Die erste Phase einer Beziehung – der Rausch der Verliebtheit – entzieht sich oft dem analytischen Blick und der sezierenden Vernunft der Paarforscher. Weshalb zwei Menschen einander wählen, ist mit Logik nur äußerst selten zu erklären

im Alltag „Spaß" bringen, in die Lebensplanung passen, „vorzeigbar" sein, „Entwicklungsmöglichkeiten" bieten, treu sein, Freiräume lassen, Halt geben.

Kein Wunder, finden Experten, dass wir in die „Liebesfalle" geraten sind. Je stärker wir intime Nähe anstreben, desto schwerer tun wir uns mit ihr.

So wurden 2007 in Deutschland trotz höherer Bevölkerungszahlen nur halb so viele Ehen geschlossen wie 1950, dagegen gab es fast 40 Prozent mehr Scheidungen – unter anderem, weil der soziale Druck schwindet, zusammenzubleiben. Und weil Kinder aus geschiedenen oder instabilen Ehen im Erwachsenenalter möglicherweise ebenfalls Schiffbruch in ihren Beziehungen erleiden – das Phänomen nennt sich „soziale Vererbung".

Andererseits: Die Mehrzahl der Paare bleibt bis zum Tod eines Partners zusammen, auch heute noch. Im Jahre 1850 währte die durchschnittliche Ehe 20 Jahre, heute sind es 14,1 Jahre. Zudem: 83 Prozent aller 50-jährigen Deutschen sind verheiratet oder waren es in ihrem Leben zumindest einmal.

Als Paar zusammenzuleben ist für nahezu alle das wichtigste Ziel im Leben, immer noch weit vor Berufserfolg oder Kinderwunsch.

Bei ihrer Suche nach den Regeln der Liebe haben die Forscher vor allem vier große Fragen erkundet:

1. Wie entsteht eine Beziehung, welche Faktoren bestimmen unsere Partnerwahl?

2. Haben wir einen bestimmten Bindungsstil, den wir in der Kindheit erwerben?

Jedes Paar braucht »positive Illusionen«: den Willen, die Beziehung im bestmöglichen Licht zu sehen

3. Worin besteht das Kommunikationsgeheimnis zwischen zwei Partnern?

4. Gibt es so etwas wie ein Glücksprogramm für eine zufriedene Partnerschaft, können uns die Erkenntnisse der Paarforschung zum Erfolg in der Beziehung verhelfen?

In den ersten Wochen leidenschaftlichen Begehrens schlafen Verliebte besonders häufig miteinander. Nach anderthalb Jahren aber sinkt die »Koitusfrequenz« auf die Hälfte. Mit der Zeit werden die meisten Paare zunehmend unzufrieden

1. DIE PARTNERWAHL

Gerade die erste Phase der Paarbildung, der Rausch der Verliebtheit, ist mit wissenschaftlicher Vernunft nur schwer zu fassen. Weshalb zwei Menschen einander wählen, „das entbehrt häufig einer klaren Logik", sagt der renommierte New Yorker Sozial-

psychologe Art Aron. Wenn man allerdings erst einmal verliebt sei, fallen einem viele gute Gründe für den Partner ein.

Sex zum Beispiel. Aber auch der ist weniger Auslöser der großen Gefühle als vielmehr deren Folge. Schließlich kann das Resümee nach einer gemeinsamen Nacht durchaus lauten: aufregend – aber keine Schmetterlinge im Bauch.

Der Sexualtrieb sei eben dazu da, dass der Mensch überhaupt nach Partnern Ausschau halte, vermutet die Anthropologin Helen Fisher, Autorin einer „Anatomie der Liebe". Verliebtheit dagegen ermögliche, sich auf einen bestimmten Partner festzulegen. Sie binde zwei Menschen emotional aneinander – und zwar lange genug, um die Überlebenschancen des Nachwuchses zu erhöhen.

Die Chancen, zunächst überhaupt eine Beziehung zu knüpfen, sind wohl am höchsten bei jemandem, der einem ähnlich ist.

Tatsächlich scheint Ähnlichkeit bei der Partnerwahl eine wichtige Rolle zu spielen: Mit hoher Trefferquote lassen sich aus einer Gruppe Unbekannter die „richtigen" Partner zuordnen, wenn sie sich äußerlich gleichen. Und Wissenschaftler in Schottland haben festgestellt, dass Frauen aus einer Reihe von Männerbildern jenes als das attraktivste wählten, das sie selbst zeigte – die Wissenschaftler hatten zuvor Porträts der Frauen angefertigt und diese per Computerprogramm in Männergesichter verwandelt.

KINDER VERLÄNGERN EINE BEZIEHUNG, VERSCHLECHTERN ABER DEREN QUALITÄT

Im entscheidenden Augenblick allerdings kommt womöglich noch ein trivialeres Element hinzu als das Aussehen. „Wir müssen zwar jemanden attraktiv finden, um uns zu verlieben", sagt Art Aron, „aber zwischen welchen Menschen es dann wirklich funkt, hängt sehr oft von den Umständen ab."

Eine Umfrage des Sozialpsychologen unter mehr als 1000 Verliebten hat ergeben, dass etwa jeder Zweite seinen Partner schon lange gekannt hatte, ehe er für den anderen entbrannte. Ausschlaggebend war der plötzlich keimende Gedanke, man werde von diesem Menschen besonders geschätzt. „Von jemandem beachtet zu werden – oder sich das auch nur einzubilden – ist ein starkes Aphrodisiakum", so Aron.

Zwei, die sich näherkommen, tauschen bald Belohnungen aus: Sie kochen füreinander, schenken

Im Verlauf einer jeden Beziehung gibt es Zeiten, in denen sie zu zerbrechen droht. Diese Bewährungsphasen erleben Paare häufig ab dem zweiten bis zum vierten Jahr sowie in jener Zeit, in der das erste Kind die Pubertät erreicht

sich Aufmerksamkeit, unternehmen gemeinsame Ausflüge, die Partner berichten von ihren Vorlieben und Abneigungen.

Diese „Selbst-Offenbarung" gilt als eines der mächtigsten Bindeglieder der Zweisamkeit, zumindest anfangs: Der andere wird gefangen in der eigenen Innenwelt.

Ein eher seltsames Gesetz der Anziehungskräfte konnte Aron in einem skurril anmutenden Versuch nachweisen – dem „Brücken-Experiment": Eine attraktive Frau führte eine belanglose Umfrage unter männlichen Passanten durch. Mal stand sie auf einer festen Brücke, mal auf einer schmalen, wankenden Hängebrücke. Stets gab sie den Männern auch ihre Telefonnummer – für den Fall, dass diese am Umfrageergebnis interessiert sein sollten.

Tatsächlich nutzten manche Männer diesen Vorwand, um noch einmal Kontakt aufzunehmen. Doch griffen viermal häufiger jene zum Telefon, die der Frau auf der Hängebrücke begegnet waren.

Die schwankende Brücke hatte ihren Körper in erhöhte Erregung versetzt – eine typische Reaktion auf alles, was angsteinflößend, mit Stress verbunden

oder aufregend ist. Daraufhin hatte das Gehirn nach einer denkbaren Ursache gesucht – und zwei Möglichkeiten gefunden: die Brücke. Oder die Frau.

Ist die Lage derart mehrdeutig, kann es zu einer Fehleinschätzung kommen: Der Grund der inneren Aufruhr wird der Frau zugeschrieben – und lässt sie plötzlich viel anziehender als unter normalen Umständen erscheinen.

„Erregungstransfer" nennen Forscher diese Gefühlsverwechslung, die sich nachhaltig im Gehirn einprägt. Bis zu 15 Prozent aller Liebesgeschichten nehmen Arons Umfragen zufolge so ihren Lauf.

Doch die Ernüchterung kommt unweigerlich. „Genauso, wie man kein erfülltes Leben haben kann, wenn man ständig betrunken ist, kann man auch nicht permanent verliebt sein", sagt Thomas Lewis, Verfasser einer „Allgemeinen Theorie der Liebe".

Rasch leidet der Sex. Sogar bei zufriedenen Paaren sinkt die sogenannte Koitusfrequenz nach etwa anderthalb Jahren auf rund 50 Prozent, verglichen mit dem Liebesrausch der ersten Wochen.

Wie der Sex ebbt auch die Zufriedenheit ab. In einer repräsentativen Studie der Universität Bamberg

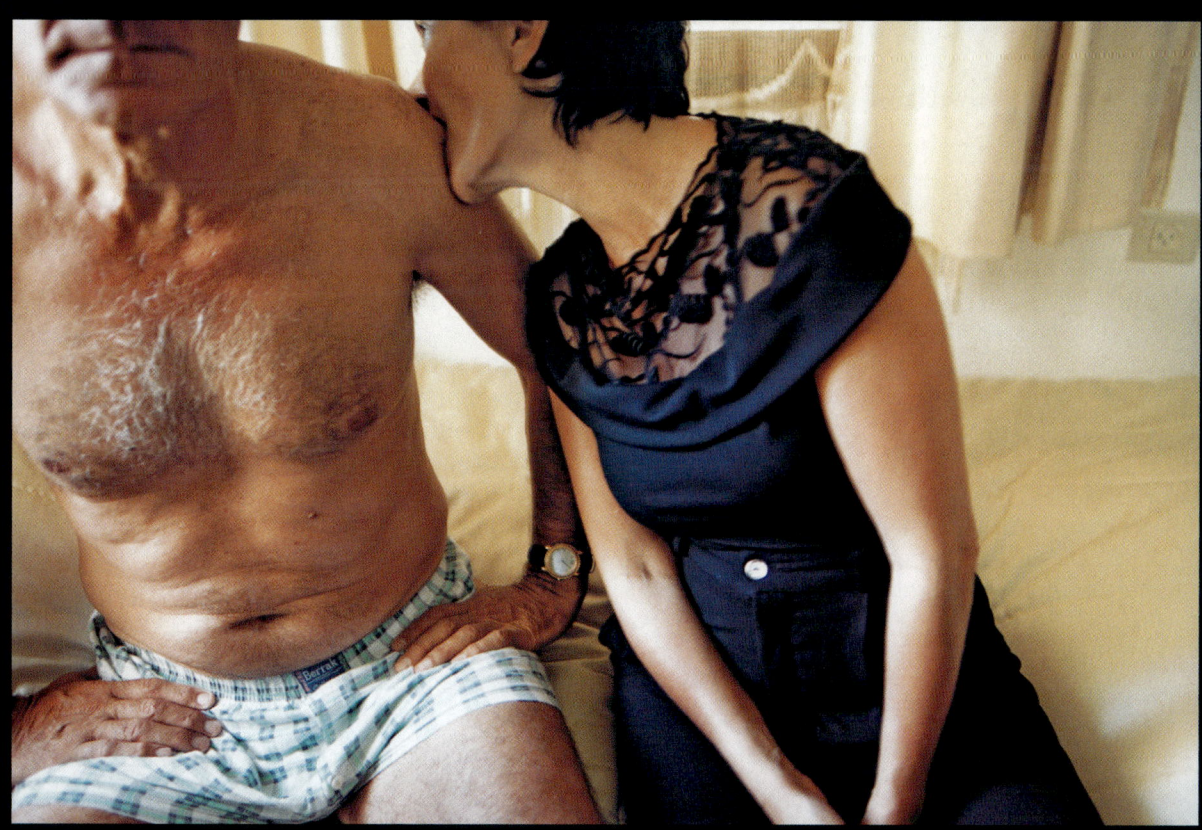

Gegen den allmählichen Verfall einer Liebesbeziehung hilft vor allem eines: gegenseitige Unterstützung. Wenn Männer und Frauen das Gefühl haben, so die Forschung, ihr Partner bemühe sich aktiv, sie zu entlasten, geht es beiden besser

Schon in den ersten Monaten zeigen Liebende, die sich später trennen, ungünstige Kommunikationsmuster. Anfangs überstrahlt noch Lust jeden Konflikt. Bis sich die Partner zurückziehen, Blickkontakt meiden, einander nicht mehr antworten

an mehr als 1500 Paaren waren zu Beginn ihrer Ehe 70 Prozent der Partner „sehr zufrieden", nach sechs Jahren empfand nur noch knapp die Hälfte so.

Die meisten Paare geraten aber nicht in eine ernste Krise; sie empfinden ihre Partnerschaft immer noch als positiv, nur auf niedrigerem Niveau. Ein Drittel aller Beziehungen aber, so wird geschätzt, gelten als Risikopaarungen mit akutem Trennungsdruck.

2. DER BINDUNGSSTIL

Gibt es womöglich Menschen, deren Persönlichkeit einfach nicht für Beziehungen geschaffen ist? Oder die verlässliche Zuneigung in der Kindheit und Jugend nie „erlernt" haben?

Die prominenteste Theorie zum Beziehungsverhalten ist die sogenannte Bindungstheorie. Sie geht davon aus, dass jeder Mensch überwiegend einem von drei „Bindungsstilen" folgt: dem sicheren, dem vermeidend-distanzierten oder dem ambivalent-ängstlichen.

Wir alle entwerfen im Laufe der Zeit kognitive „Liebesmodelle", in denen wir gleichsam die gesammelten Erfahrungen unseres Beziehungslebens speichern – wie wir in frühester Kindheit mit unseren Eltern verbunden waren, wie wir Freundschaften erlebt

haben, wie vergangene Lieben. Mit diesen Bindungsvorstellungen, so die langjährige These, gehen wir an jede neue Beziehung heran.

Etwa 60 bis 65 Prozent aller erwachsenen Deutschen haben einen *sicheren Bindungsstil*, und sie sprechen ungefähr so über sich: „Es fällt mir leicht, zu anderen Kontakte zu knüpfen. Ich glaube, ich bin ziemlich nett. Die anderen Menschen sind meistens freundliche Exemplare. Ich kann der Situation entsprechend reagieren. Liebe kann ewig halten – warum auch nicht?"

Personen, die häufig zurückgewiesen wurden, unterdrücken dauerhaft ihr Bedürfnis nach Nähe, sie entwickeln einen *vermeidend-distanzierten Stil*. Sie umfassen in Deutschland 25 bis 30 Prozent, und sie sprechen eher so: „Es geht mir auch ohne gefühlsmäßige Bindung gut. Ich bin unabhängig und selbstständig und will nicht so gern, dass andere mir zu nahe kommen. Ich minimiere meine Gefühle für den anderen, aber das macht nichts: Romantische Liebe dauert sowieso nicht lange."

Menschen, die zurückgewiesen worden sind und daraus schließen, dass sie nicht liebenswert seien, und die sich daher intensiv um Nähe zu anderen bemühen, aber sie zugleich auch heftig abwehren, gelten als *ambivalent-ängstlich*: „Ich finde es schwierig, anderen nahe zu sein, aber ich kann ihnen nicht vertrauen oder von ihnen abhängig sein – davor fürchte ich mich einfach. Es geht mir nicht gut, wenn ich keine Liebesbeziehung habe, aber der andere hat mich meistens nicht so gern wie ich ihn. Meine Partner klagen oft darüber, dass ich ihnen zu eng auf die Pelle rücke." Die Ambivalenten (oder, wie manche Forscher sie nennen, „Verstrickten, Besitzergreifenden") machen ungefähr 15 Prozent der Bevölkerung aus.

Diese Bindungsstile beeinflussen entscheidend unser Verhalten. In einem Experiment wurden Paare zu einer angeblichen medizinischen Untersuchung gebeten. Die „Ärzte" gaben sich alle Mühe, die Probanden einzuschüchtern und den Eindruck zu erwecken, eine schmerzhafte Prozedur erwarte sie.

Die „sicher gebundenen" Personen suchten im Wartezimmer Unterstützung bei ihrem Partner und unterstützten ihn ebenfalls – je größer ihre Angst war, desto enger rückten die Paare zusammen. Die „ängstlichen" Paare verhielten sich genau umgekehrt: Je größer ihre Furcht vor dem Eingriff war, desto mehr rückten sie voneinander ab. Sie erwarteten vom Partner keine Hilfe und boten auch keine an.

Es besteht kein Zweifel, dass es „sicher Gebundene" leichter haben mit der Liebe: Sie lassen sich auf Nähe ein, ohne sich darin zu verlieren; sie setzen Grenzen, ohne den anderen abzuwehren. Entsprechend halten Beziehungen zweier sicherer „Binder" im Durchschnitt zehn Jahre, die der anderen Bindungstypen nur halb so lang. Rund 25 Prozent der Abweisenden leben als Single, aber nur zehn Prozent der Sicheren.

Dieses Trio der Stile ist in Hunderten Studien bestätigt worden – doch eine entscheidende Frage bleibt: Sind wir zu einem Bindungsstil verdammt?

Lange Zeit glaubte die Mehrzahl der Theoretiker, der jeweilige Stil werde in der Kindheit geprägt: So wie ein Mensch die Beziehungen mit seinen Eltern erlebe, so gestalte er sie als Erwachsener mit seinen Partnern. Doch bislang konnte die These empirisch nicht bewiesen werden.

Sogar einer der Großmeister der Bindungsforscher, der Amerikaner Phillip Shaver, drückt sich inzwischen sehr vorsichtig aus: Der Zusammenhang zwischen dem Stil als Kind und als Erwachsener „sei bestenfalls gering". Spätere Bindungserfahrungen können die kindlichen überlagern, wir schreiben unsere Beziehungsmodelle immer wieder um.

Natürlich hat ein Mensch, dem ihm zugewandte Eltern das Liebes-ABC beigebracht haben, es leichter im Liebesleben; ein sicherer „Binder" macht wahrscheinlich weitere positive Liebeserfahrungen, wird also seinen Stil eher beibehalten. Doch Zufälle, Schicksalsschläge oder auch nur die Anziehungskraft eines Menschen können das ändern: Ein „Sicherer"

verliebt sich in eine „Vermeidende" und wird im Verlauf der Beziehung verunsichert. Oder eine „Ängstliche" findet einen „Sicheren" und lernt allmählich, dass sie auf die Zuneigung anderer vertrauen kann.

Am Bindungsmodell allein scheitern unsere Verbindungen also nicht.

Völlig unabhängig von den Beziehungsstilen gibt es aber im Laufe jeder Partnerschaft Zeiten der Spaltungsgefahr: ab dem zweiten bis zum vierten Jahr sowie in jener Zeit, in der das erste Kind die Pubertät erreicht. Das sind – statistisch gesehen – die entscheidenden Bewährungsphasen einer Beziehung.

Zwischen dem sechsten und zehnten Ehejahr erfolgt in Deutschland ein Drittel aller Scheidungen. Da die Statistik aber nur den Zeitpunkt des offiziellen Scheidungstermins erfasst, die tatsächliche Trennung jedoch meist früher erfolgt, fallen viele Ehen offenbar bereits wenige Jahre nach der Trauung wieder auseinander.

Kinder haben gar einen paradoxen Effekt auf ein Paar: Sie verlängern die Dauer einer Beziehung, aber verschlechtern deren Qualität. Es ist nach den Erkenntnissen einer Studie des Bozener Familienforschers Wassilios Fthenakis nicht nur der Faktor „Baby", der die Paare belastet, es ist auch das Gefühl der Abhängigkeit voneinander.

Die frischen Eltern sind plötzlich eine Arbeitsgemeinschaft. Das aber gilt in der Partnerforschung als belastender Faktor.

GLÜCKLICHE PARTNER LEBEN IM MITTEL VIER JAHRE LÄNGER ALS UNZUFRIEDENE

Das beste Mittel gegen den Liebeszerfall in einer Beziehung ist offenbar gegenseitige Unterstützung. Wenn Männer und Frauen das Gefühl haben, ihr Partner bemühe sich aktiv, sie zu entlasten, geht es beiden entscheidend besser.

Wenn das jüngste Kind in die Pubertät kommt, kommt die zweite große Trennungswelle – vielleicht, weil die Beziehung die biologische Funktion der Fortpflanzung erfüllt hat, vielleicht, weil nach weitgehend getaner Aufzucht der soziale Druck nachlässt, zusammenzubleiben.

Paare, die sich in den ersten Jahren trennen, gehen oft in Kampf und Streit auseinander, die typischen späteren Trennungen sind anders. Leiser. Resignierter.

In gut funktionierenden Beziehungen dagegen wächst das Gefühl von Liebe und Verbundenheit. Und das zahlt sich aus. Partner, die lange miteinander auskommen, erhalten eine Art Liebesprämie: Sie leben, so die Statistik, im Durchschnitt vier Jahre länger als unzufriedene.

Denn Paare achten aufeinander und schicken sich gegenseitig zum Arzt – Singles dagegen haben manchmal einen riskanteren Lebensstil. Glücklich Gebundene sind seltener depressiv, haben weniger Alkoholprobleme, ihr Immunsystem funktioniert besser.

Biologen haben beobachtet, dass sich die Gehirne von Partnern in Dauerbeziehungen zum Teil synchronisieren und die Körperfunktionen mitregulieren: Hormonausschüttung, Blutdruck, Schlaf.

Die Partner beginnen, die Welt aus der Perspektive des anderen zu sehen, sie lernen, sich in ihn „hineinzufühlen". Wie Versuche zeigen, können Partner häufig nicht mehr genau trennen, welche Eigenschaften zu wem gehören: Interessen werden geteilt, Fähigkeiten des anderen ins Selbstbild integriert.

SCHLECHTE BEZIEHUNGEN SCHEITERN STETS AUS ÄHNLICHEN GRÜNDEN – GUTE GELINGEN GANZ UNTERSCHIEDLICH

Doch je symbiotischer ein Paar wird, glaubt Aron, desto geringer die Möglichkeiten zukünftiger Selbsterweiterung. „Der andere wird zwar Teil des eigenen Lebens, und man wäre traurig über seinen Verlust – aber die wirkliche Befriedigung geht zurück."

Dennoch kann eine gut funktionierende Beziehung jederzeit scheitern. Wie und warum, das erkunden vor allem Gefühlsgeometriker wie John Gottman.

Die Verhaltensforscher sezieren gleichsam im Sekundentakt die Beziehungsrituale. Paare werden über Jahrzehnte begutachtet, wieder und wieder werden ihre Gesten codiert, ihre Worte ausgezählt.

Das Ende einer Liebe beginnt meist bereits an deren Anfang. Paare, die sich später trennen oder ins Unglück rennen, zeigen schon in den ersten Monaten ungünstige Kommunikationsmuster, sie werden aber anfangs von der Leidenschaft überstrahlt.

Worin bestehen diese Muster?

3. DAS KOMMUNIKATIONSGEHEIMNIS

Wenn sich Paare streiten, so haben die Auszählungen im Liebeslabor ergeben, sagen sie die schlimmsten, die verletzendsten Sachen überwiegend in der Mitte eines Streites – zugleich machen sie in dieser Zeit auch die meisten Angebote zur Einigung. Aggression und Versöhnungswillen sind gleichsam ineinander verstrickt, eine teuflische Verquickung.

Der Mann ruft erregt und mit lauter Stimme: „Wir verlieren den Faden." Eine doppelte Botschaft. Der Affekt ist aggressiv, die Aussage versöhnlich: Lass uns diese eine Sache klären. Negative Partner hören nur die Wut: „Schrei mich nicht an!" Positive spüren den Reparaturversuch: „Ja, du hast recht. Wo waren wir stehengeblieben?"

Glückliche Partner schaffen es nach spätestens vier Runden im Schlagabtausch, wieder zu konstruktiven Bemerkungen zurückzukehren, in mittelprächtigen Ehen dauert es acht Runden, und in hoffnungslosen Paarungen hört der Konflikt nie mehr auf, er wird nur bis zur nächsten Eruption unterdrückt.

Die Paarforscher glaubten lange, dass gute Beziehungen besonders berechenbar seien; dass in ihnen die Partner streng nach der Regel „Wie du mir, so ich dir" vorgingen – ja, man sah in dieser Verlässlichkeit gleichsam die Garantie für Stabilität.

Inzwischen weiß man es besser: Pedantische Vergeltung ist ein Zeichen verkrusteter Beziehungen.

Das ist eine der grundlegenden Einsichten der Forscher: Schlechte Beziehungen schlagen alle auf ähnliche Weise fehl, gute gelingen auf vielen verschiedenen Wegen.

Glückliche Partner sind kreativ, sie leben im rasanten Wechsel von Konflikten, Humor, Zuneigung, Frotzeleien, sie lassen immer wieder emotionale Versuchsballons steigen, um die Stimmung des anderen auszuloten, sie nehmen häufig Bezug auf gemeinsame Träume, Ideen oder Fantasien.

In einem Experiment haben Forscher versucht, die Gedanken von Eheleuten zu lesen, während diese miteinander stritten. Wissenschaftler um Alan Sillars an der Universität von Montana machten Videoaufnahmen von 118 Paaren, die sich jeweils 15 Minuten lang über ein Thema ihrer Wahl auseinandersetzten. Unmittelbar danach zeigten sie den Partnern getrennt voneinander das Video und baten sie, alle 20 Sekunden zu berichten, was sie in jeder Etappe des Streites erlebt, gefühlt, gedacht hatten.

Die Forscher waren erstaunt, wie simpel und wie eindimensional die meisten Auseinandersetzungen ablaufen, auch bei gebildeten Paaren. Kaum einer der Probanden unternahm den Versuch, sich in den Partner hineinzuversetzen, nur wenigen kam in den Sinn, der andere könnte etwas anderes gemeint haben als das, was sie verstanden hatten. Insgesamt, so das Urteil der Wissenschaftler, sehen die meisten nur den Aspekt eines Gespräches, der ihren Interessen dient.

Entsprechend bewerteten die Eheleute den Gesprächsverlauf gnadenlos zu ihren Gunsten: Stets hielten sie ihr eigenes Verhalten für konstruktiver als das ihrer Partner.

Unter solchen Bedingungen schafft das „Miteinanderreden" oft mehr Probleme, als es löst, folgern die Forscher. Werden wir von negativen Gefühlen überwältigt, sagen und tun wir Dinge, die wir später bereuen. Wenn die Herzschlagfrequenz eines Men-

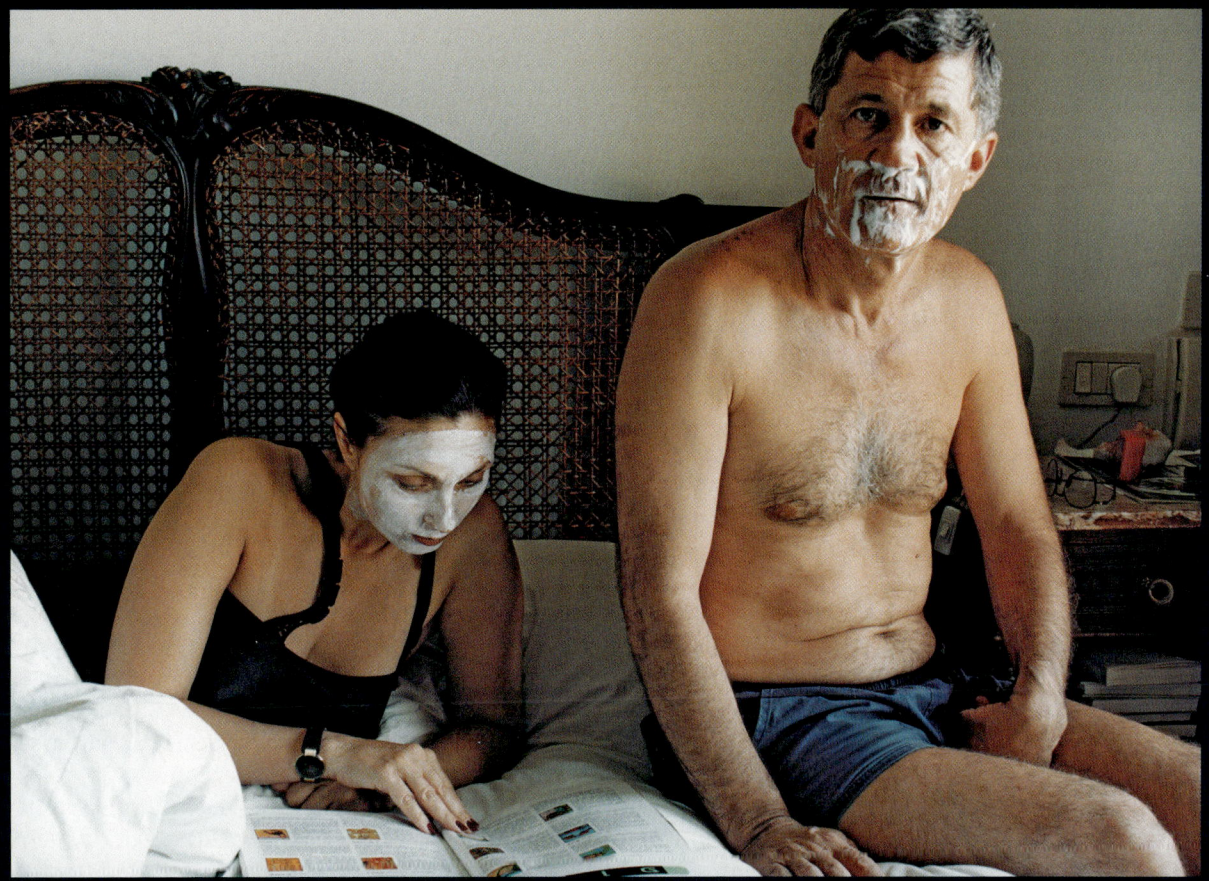

Trennen sich Paare nach wenigen Jahren, gehen sie oft im Streit auseinander. Je länger Menschen zusammenleben, desto leiser lassen sie voneinander: Sie grenzen sich zunehmend ab, fühlen sich einsam und beenden letztlich ihre Bindung

schen 100 Schläge in der Minute überschreitet, kann er nicht mehr begreifen, was sein Gegenüber ihm sagen möchte – auch wenn er sich alle Mühe gibt, es geht einfach nicht.

Und das Endstadium? Das beginnt, wenn die „apokalyptischen Reiter" am Horizont auftauchen. So bezeichnet John Gottman, der Paarforscher, die Todsünden jeder Beziehung. Sie setzen eine Eskalationskaskade in Gang: Die Kommunikation gerät völlig außer Kontrolle.

Früher nahm Gottman an, es gäbe genau vier dieser apokalyptischen Boten: Kritik, Rechtfertigung, Verachtung und Rückzug. Vor einiger Zeit hat er einen fünften hinzugefügt: die aggressive Machtdemonstration.

Unter *Kritik* versteht Gottman ziemlich genau das, was andere Forscher unter Zuschreibungen verstehen. Paula sagt nicht: „Es ist kein Benzin im Auto. Warum hast du nicht getankt?" Sondern: „Warum kannst du nie an etwas denken? Ich habe dir schon tausendmal gesagt, dass du tanken sollst, aber da passiert ja gar nichts."

Rechtfertigung ist zwar die verständliche Reaktion auf einen solchen, möglicherweise ungerechten Angriff – aber sie ist nicht konstruktiv. Denn meist ist das „Ja, aber" mit eingebaut: „Ja, ich sehe das ein, aber..." Erfahrene Paarbeobachter wissen: In solchen Sätzen kann man alles streichen, was vor dem Aber steht. Nur der Angriff zählt, nicht die Einsicht. Rechtfertigung ist eine todsichere Methode, um die Konflikte eskalieren zu lassen.

Verachtung entsteht, wenn negative Gedanken über den Partner lange schwelen und sich allmählich in gegenseitige Erniedrigung verwandeln. Sie drückt sich aus durch Sarkasmus, durch Augenrollen, durch Verhöhnen – und ist ein tödliches Beziehungsgift.

Aber auch das lässt sich noch intensivieren, durch die *Machtdemonstration*: „Auch wenn es dir nicht passt, ich gehe mit meinen Freundinnen aus. Da kannst du gar nichts machen." Wenn Demütigung nicht mehr wirkt, führt man dem Partner auch noch dessen Ohnmacht vor Augen – Verachtung mit verschärften Mitteln.

Am Ende steht schließlich der *Rückzug*. Die Partner vermeiden den Blickkontakt, geben keine Antwort, wenden sich ab, betreiben „Automutilation", spielen also wortlos mit ihren Haaren oder knabbern an ihren Fingernägeln. Und senden irgendwann die schlimmste Botschaft: Sie stehen einfach auf, während der andere redet, und verlassen schweigend den Raum. Schluss. Aus. Ende.

Man darf sich diese Dynamik des Scheiterns allerdings nicht nur als lautstarkes Szenario vorstellen, mit knallenden Türen und zerschmetterten Tassen. Nein, je länger zwei Menschen zusammen sind, umso leiser trennen sie sich meist – im wechselseitigen Rückzug in die Einsamkeit zu zweit. Eine Beziehung kann auch flüsternd sterben.

Solche Paare haben versäumt, rechtzeitig die Bilanz der Liebe zu verbessern. Was geschieht, wenn Fred aus seiner Zeitung vorliest und Paula ihm nicht etwa antwortet, wie interessant sie diese Geschichte findet? Klar: Fred ist sauer. Was muss passieren und wie lange wird es dauern, bis er diese kleine, ärgerliche Szene vergessen hat?

Es gibt dafür eine Gesetzmäßigkeit, die anerkennend „Gottman-Konstante" genannt wird. Um ein negatives Partnererlebnis wettzumachen – eine Kränkung, einen Streit, eine kleine Nachlässigkeit – muss der andere fünf positive Erlebnisse etwa der gleichen Größenordnung stiften. Erst dann haben wir das Gefühl, dass wir mit dem Partner wieder quitt sind.

5 zu 1: Möglicherweise ist das die Glücksformel guter Beziehungen.

Paula schenkt Fred also Kaffee nach, sie macht zwei nette Bemerkungen über den Abend zuvor, und sie lacht ein oder zwei Mal über lustige Geschichten, die Fred erzählt. Dann ist für ihn die Sache erledigt.

Jeder Mensch, meinen Vertreter der „Investitionstheorie der Liebe" wie John Gottman oder die Psycho-login Caryl Rusbult, führt in seinem Unterbewusstsein eine Art Konto über seine Partnerschaft: Was bringt sie mir, und was muss ich dafür investieren?

In dieser Kosten-Nutzen-Diagnose vergleichen wir unsere aktuelle Beziehung mit früheren Liebeserfahrungen. Wir stellen, wie zu Beginn der Beziehung, unsere eigene geschätzte Attraktivität für neue Partner in Rechnung, wir prüfen, welche Alternativen wir gegebenenfalls hätten, und wägen die Trennungshindernisse ab, zum Beispiel gemeinsamen Besitz, Kinder oder den Wert der gemeinsamen Lebensgeschichte. Die entscheidende Frage: Was bleibt unter dem Strich?

Wenn ich dauerhaft das Gefühl habe, mehr „bezahlen" zu müssen, als ich zurückbekomme, folgt der Beziehungs-Bankrott. Oder ich suche andere Einkommensquellen: den Kick außerhalb der Beziehung – in einer Affäre.

Dass jeder Mensch ein Buchhalter seiner Beziehung ist, gilt als gut belegt. Andere Forscher glauben jedoch, dass wir nicht nur berechnend vorgehen können: Kein Mensch ist perfekt, keine Beziehung würde dem kalten Blick eines Liebes-Rationalisten lange standhalten. Und es hat sich empirisch gezeigt, dass glückliche Partner einander diese herbe Prüfung auch nicht zumuten.

Schließlich müssen alle Liebenden, so die Psychologen Sandra Murray und John Holmes in einer einflussreichen Studie, früher oder später eine entscheidende Frage beantworten: „Wie komme ich damit klar, dass mein Partner alles andere als perfekt ist?"

Eine gute Antwort darauf zu finden sei eine der größten Herausforderungen. Die Autoren haben erkundet, wie glückliche Paare das Problem meistern: durch Schönfärberei. Sie „konstruieren positive Geschichten über ihren Partner, um ihre Zweifel zu besänftigen und ihre Zuneigung zu bestärken".

Jede Beziehung benötigt „positive Illusionen", bestätigt die Paarpsychologin Susan Campbell; in Beziehungen sei aber nicht die „objektive" Realität, sondern die subjektive Einschätzung entscheidend. Unter Illusion müsse man „den Willen" verstehen, „die Beziehung im bestmöglichen Licht zu sehen".

Das garantiere auch eine Art Liebes-Immunschutz gegen Seitensprünge: Alternative Partner würden im Vergleich nicht sonderlich attraktiv wirken.

Ob man diese Denkmuster erlernen kann, ist umstritten. Manche halten sie für die Folge unveränderbarer Persönlichkeitsmerkmale. Andere – wie Susan Campbell – glauben, dass man sich zur Positivität in gewissem Maße entscheiden kann. Aber wie?

Lässt sich Partnerglück lernen?

Glückliche Paare sind kreativ: Ständig wechseln bei ihnen Humor und Sticheleien, Zuneigung und Streit

4. DAS GLÜCKSPROGAMM

Mit ihren Versuchen, Paaren die Logik der Liebe zu vermitteln, sind Therapeuten etwa zur Hälfte erfolgreich. Bei der effizientesten Behandlungsart, der Verhaltenstherapie, sagen zwei Jahre nach der Behandlung rund 50 Prozent der Paare, ihre Beziehung habe sich verbessert.

Zahlreiche Trainingsmethoden, die sich mit der Kommunikation zwischen den Partnern befassen, haben sich bewährt. Partner lernen, „ich" zu sagen statt „man"; sie sprechen konkrete Situationen an, sie üben, zuzuhören und dem Partner wiederzugeben, was sie verstanden haben; sie erhalten Hausaufgaben – etwa, auf positive Situationen zu achten und sich um kleine Momente der Aufmerksamkeit zu bemühen.

Je länger die Therapie zurückliegt, desto mehr schleifen sich die Fortschritte offenbar ab; aussagekräftige Langzeitstudien liegen allerdings noch nicht vor. In der – weniger intensiven – Eheberatung sieht es bescheidener aus: Nur 25 Prozent der Klienten vermelden vorübergehend gestiegene Zufriedenheit.

Therapien scheitern oft daran, dass es für sie bereits zu spät ist. Partner, die einen Experten aufsuchen, sind oftmals derart verbiestert, dass sie von ihren zerstörerischen Verhaltensmustern nicht mehr loskommen. 90 Prozent der Paare, die zum Therapeuten gehen, beklagen jedenfalls ernste Kommunikationsprobleme: Wir verstehen uns einfach nicht.

Und noch etwas anderes erschwert Therapien, etwas viel Grundsätzlicheres: die Vielschichtigkeit des Glücks. Nicht einmal Paare, die alles „richtig" machen, haben eine Zufriedenheitsgarantie. Ruinöses Verhalten zu vermeiden und negative Gedanken zu verbannen ist empfehlenswert – und reicht doch nicht.

Eine eigene, besondere Beziehungsvision muss hinzukommen, für die kein Forscher eine Anleitung geben kann.

Kritik und Verachtung treffen jeden Menschen gleichermaßen. Aber was einen beglückt, das entzieht sich jeder Logik; und deshalb unterscheidet es sich auch in allen glücklichen Beziehungen.

Gerade in dieser Einmaligkeit, so die Wissenschaftler, stecke die Qualität einer guten Partnerschaft.

„Es langt nicht, wenn eine Beziehung nur ‚okay' ist", sagt Art Aron. „Zu unserer Zufriedenheit brauchen wir immer wieder Möglichkeiten der Selbsterweiterung".

Damit meint Aron vor allem, Neues zu erfahren, sich gegenseitig zu ergänzen. Frisch Verliebte finden im Partner Eigenschaften, die ihnen selbst fehlen, und fühlen sich bereichert – doch im Lauf der Zeit flachen diese Gefühle ab, und dann sei es problematisch, diese Erweiterung allein zu suchen und in der Beziehung nur noch einen sicheren „Stützpunkt" zu sehen. Dann erscheine der Partner im Vergleich zum sonstigen Leben als langweilig.

„Selbsterweiterung im Zweierteam", lautet deshalb Arons Empfehlung, getestet an 60 Paaren. Zunächst mussten alle Beteiligten eine Liste von 300 potenziellen Paar-Aktivitäten bewerten: Was ist angenehm, was interessant, was eine Herausforderung?

Anschließend verschrieb ihnen Aron jede Woche anderthalb Stunden lang eine gemeinsame Unternehmung: Kinobesuch, Oper oder Autorennen, Essen gehen, Mountainbike fahren, einen Berg besteigen.

JEDER MENSCH MACHT UNBEWUSST EINE KOSTEN-NUTZEN-ANALYSE SEINER BEZIEHUNG

Eine Hälfte der beteiligten Paare hatte nur Neues, Aufregendes im Programm, die anderen unternahmen manches, das ihnen zwar gefiel, das aber nicht ungewöhnlich war in ihrem gemeinsamen Leben. Nach zehn Wochen sollten alle die Zufriedenheit in ihrer Beziehung bewerten.

Bei jenen, die sich an das Übliche gehalten hatten, war die Stimmung im Vergleich zu vorher leicht abgesunken. Bei den anderen aber stieg die Zufriedenheit beider Partner deutlich an, „Das Neue, die Herausforderung, die Erregung", so Aron: „Das ist der Schlüssel."

Um sie spüren zu lassen, was „Selbsterweiterung" bedeuten kann, band Aron Paare an Händen und Füßen zusammen und schickte sie auf einen Hindernisparcours in eine Sporthalle: zu zweit gegen die Uhr. Auch nachdem die Fesseln wieder gelöst waren, fühlten sich die Partner einander viel näher als noch wenige Stunden zuvor.

Dagegen blieb die Gefühlslage unverändert, wenn sie nur ganz normal durch die Halle spaziert waren. „Partner brauchen regelmäßig gemeinsame Herausforderungen", erklärt der Sozialpsychologe.

Ob darin tatsächlich das entscheidende Geheimnis der dauerhaften Liebe besteht, das kann derzeit allerdings niemand sagen.

Die Unwissenheit hat zwei Gründe. Zum einen bilden Langzeitpaare ein historisch ganz neues Phänomen – aufgrund der Lebenserwartung war es noch vor zwei Generationen unwahrscheinlich, dass Beziehungen derart lange währten.

Zum andern erschwert ihre Langlebigkeit die wissenschaftliche Beobachtung: Sie dauern schlicht länger als jede Forscherkarriere. ☐

Harald Martenstein, 56, ist Schriftsteller und Kolumnist in Berlin. Die 1971 in Israel geborene Fotografin Elinor Carucci lebt heute in New York.

Literatur: Bas Kast, „Die Liebe und wie sich Leidenschaft erklärt", Fischer. Helen Fisher, „Warum wir lieben…und wie wir besser lieben können", Knaur.

Manche Menschen bilden sonderbare Interessen aus: Sie finden Gipsverbände erotisch, schlafen Nacht für Nacht in Gummianzügen oder kommen nur zum Orgasmus, wenn sie Frauenhaare an

Von Gummi, Lack und Leder

sich drücken. Was empfinden diese Leute? Weshalb entwickeln sie solche Vorlieben? Können sie harmonische Beziehungen führen? Der Sexualforscher Klaus M. Beier über die Vielfalt erotischer Begierden

Interview: Henning Engeln und Rainer Harf
Fotos: Fergus Greer; Susan Meiselas

Ein Anzug aus Gummi vermag einigen Fetischisten jene Geborgenheit zu geben, die andere Menschen in Beziehungen finden. Für eine Porträtserie hat der englische Lichtbildner Fergus Greer den Fetisch- und Performance-künstler Leigh Bowery in Szene gesetzt

Sadistische Neigungen treten weitaus seltener auf als masochistische – daher werden Dominas oft hoch bezahlt. Dieses Bild der US-Fotografin Susan Meiselas entstand bei einer Reportage über den New Yorker Sado-Maso-Club »Pandora's Box«

GEOkompakt: *Herr Professor Beier, ist ein Mann bereits Fetischist, wenn er eine Frau in schwarzen Netzstrümpfen besonders erotisch findet?*

Klaus M. Beier: Nicht unbedingt. Es kann durchaus sein, dass nicht die Kleidung an sich den Mann erregt, sondern die Frau in der Kleidung, also ihr Körper und auch ihre Beine. Die Netzstrümpfe allein würden ihn nicht stimulieren. Bei einem Fetischisten wäre das aber so.

Bei ihm ist es ein bestimmtes Objekt, das zur sexuellen Erregung führt – in diesem Fall die Netzstrümpfe.

Fetische können alle möglichen leblosen Gegenstände sein, etwa Strümpfe, Seide, Lack oder Gummi. Aber auch bestimmte Körperteile, zum Beispiel Hände oder – besonders häufig – Füße.

Bedeutet das, ein Fetischist kann nur in Verbindung mit einem solchen Objekt sexuelle Lust verspüren?

Nein, er kann zugleich auch andere sexuelle Ansprechbarkeiten aufweisen. Um das zu verstehen, müssen wir zunächst erkennen, wie unsere erotische Vorstellungswelt aufgebaut ist. Als Wis-

senschaftler spreche ich von der „sexuellen Präferenzstruktur" eines Menschen. Sie umschließt sämtliche sexuellen Vorlieben, und die entwickeln sich im Laufe der Pubertät.

In jener Zeit reifen individuelle Fantasien, erotische Wunschbilder und Abneigungen. Letztlich sind dafür komplexe Neuronennetze verantwortlich, die sich im jugendlichen Hirn entwickeln.

Bei jedem Menschen bildet sich die sexuelle Präferenzstruktur auf drei Achsen aus. Die erste Achse bestimmt, welches Geschlecht jemand anziehend findet. Ob er also sexuell auf das weibliche oder auf das männliche Geschlecht orientiert ist. Oder – wie in seltenen Fällen – auf beide Geschlechter.

Auf der zweiten Achse manifestiert sich, welches körperliche Entwicklungsalter einen Menschen erregt: Fühlt er sich zu kindlichen Körpern hingezogen, zu Jugendlichen, Erwachsenen oder Greisen?

Auf der dritten Achse findet sich die bevorzugte sexuelle Praktik – also die gesamte Bandbreite dessen, was ein Mensch sexuell mit einem Partner erleben möchte. Das reicht vom bloßen Betrachten bis zum martialischen Quälen.

Auf dieser dritten Achse der sexuellen Präferenzstruktur sind auch die fetischistischen Neigungen eingelagert. In den allermeisten Fällen liegen sie allerdings als sogenannte Nebenströmung vor. Das heißt, es tauchen auch noch andere erregende Fantasien auf – etwa orale oder manuelle Stimulationen, die überhaupt nichts mit dem Fetisch zu tun haben.

Aus unserer Erfahrung wissen wir, dass fetischistische Neigungen selten die sexuelle Präferenzstruktur ausschließlich dominieren. Viel häufiger machen sie nur einen Teil dieser Struktur aus.

Das klingt so, als seien derartige Tendenzen weiter verbreitet als gemeinhin vermutet.

Genau so ist es. Wir wissen mittlerweile, dass es erstaunlich viele Abweichungen vom vermeintlichen Durchschnitt gibt. In Berlin haben wir auf der Basis einer repräsentativen Umfrage ermittelt, dass mehr als 50 Prozent der Männer irgendeine sexuelle Ansprechbarkeit auf „paraphile", also von der Norm abweichende Reizmuster aufweisen. Das schließt nicht nur fetischistische, sondern beispielsweise auch masochistische oder sadistische Stimuli ein. Oder das Verlangen, die Kleider des jeweils anderen Geschlechts zu tragen, also transvestitischen Fetischismus.

Man könnte beinahe sagen: Die Ausnahme ist eigentlich der Regelfall. In den allermeisten Fällen ist dies allerdings nicht Ausdruck einer krankhaften Störung. Vielmehr zeigt sich daran die Vielfältigkeit menschlicher Sexualität. Und: Bei Männern treten Paraphilien häufiger

Der Begriff Fetisch leitet sich vom portugiesischen Wort *feitiço* für »Zauberei« ab. 1887 bezog der französische Psychologe Alfred Binet den Ausdruck auf Gegenstände, die sexuell stimulieren

auf als bei Frauen – vor allem, wenn sie mit der Gefährdung anderer verbunden sind, etwa die Pädophilie. Die kommt bei Frauen extrem selten vor.

Pädophil zu sein, bedeutet ja, dass mit zunehmender Erregung in der Fantasie des Betroffenen der Kinderkörper auftaucht. In meiner mehr als 20-jährigen klinischen Tätigkeit als Sexualmediziner ist mir nur eine Frau begegnet, bei der dies zutraf.

Wonach haben Sie die Probanden in Ihrer Studie befragt?

Wir haben gezielt nach Masturbationsfantasien geforscht. Also danach, was sich jemand bei der Selbstbefriedi-gung vorstellt. Gerade diese Fantasien sind besonders aussagekräftig. Denn sie bilden die sexuelle Präferenzstruktur vollständig ab.

Weil die Fantasie bei der Masturbation völlig frei ist?

Nein. Weil die Fantasie bei der Masturbation gerade nicht frei ist. In den präorgastischen Fantasien wird bei Ihnen genau das auftauchen, was in Ihrer Präferenzstruktur angelegt ist.

Wenn Sie auf Frauen orientiert sind, tauchen da Frauen auf. Wenn Sie auf Latex stehen, taucht da Latex auf. Und Sie stellen sich genau das vor, was Sie am liebsten erleben möchten.

Ob die Fantasien dann auch ausgelebt werden, steht auf einem ganz anderen Blatt; daraus müssen ja keine Handlungen werden – bei fremdgefährdenden Begierden ist die Beschränkung auf die gedankliche Ebene für den Betroffenen sogar unverzichtbar, wenn er nicht verantwortungslos handeln möchte.

Für die Untersuchung der sexuellen Präferenz spielt die Fantasie die entscheidende Rolle. Und hierbei stellt sich heraus, dass manche Menschen ausschließlich durch paraphile Inhalte sexuell erregt werden, dass also eine Hauptströmung vorliegt.

Dann nimmt ein einzelnes Wunschbild die gesamte dritte Achse der sexuel-

Manche Masochisten lassen sich die Kehle zuschnüren, um durch verminderte Sauerstoffzufuhr zum Orgasmus zu kommen. Die Selbststrangulation ist äußerst riskant: Jedes Jahr untersuchen Rechtsmediziner in Deutschland mindestens 100 »autoerotische Todesfälle«

len Präferenzstruktur ein. Der Betroffene empfindet beispielsweise nur in Verbindung mit einem Fetisch Lust. Das aber kann zu erheblichen psychischen und sozialen Problemen führen.

Können Sie uns ein Beispiel nennen?

Einer meiner Patienten, ein Beamter mittleren Alters, verspürt seit einiger Zeit den immer stärkeren Wunsch, seinen Fetisch – Gummi – so intensiv wie möglich zu spüren.

Er hat sich einen hautengen Gummianzug gekauft, in dem er seither jede Nacht verbringt. Unter dem Material aber kann seine Haut kaum atmen. Schon nach kurzer Zeit beginnt der Patient ex-

Fetische können **Trost** spenden und Sicherheit **bieten**. Mitunter wirken sie gar antidepressiv

trem zu schwitzen. Und doch bleibt er die ganze Nacht lang eingehüllt.

Am nächsten Tag ist er so erschöpft, verschwitzt und entkräftet, dass er nicht mehr zur Arbeit gehen kann.

Ein anderer meiner Patienten, ein verheirateter Ingenieur, leidet unter einer Extremform von Haarfetischismus. Er fühlt sich nur dann stimuliert, wenn er das Haar seiner Frau direkt an sich spürt, wenn er es etwa an sein Gesicht drückt. Auch bei ihm liegt eine Hauptströmung vor. Weder der Busen noch die vaginale Penetration erregen ihn. Sie sind gewissermaßen neutral.

Seine Frau aber weiß von dem Haarfetischismus nichts. Sie bemerkt nur sei-

In einer Studie der Berliner Charité zeigten mehr als die Hälfte der befragten Männer von der Norm abweichende Neigungen. Darunter fallen fetischistische, exhibitionistische und sadomasochistische Fantasien – oder etwa das Verlangen, Damenkleidung zu tragen

Der Fetisch als Kunstobjekt und Ausdruck sexueller Vielgestaltigkeit: Nicht nur Lack, Leder oder Gummi vermögen zu erregen, auch Samt, Seide und Wolle, selbst Farben wie ein tiefes Rot

bertät nicht mehr. Sie wird unter dem Einfluss von Hormonen im Jugendalter in ihrer individualspezifischen Erscheinung im Gehirn regelrecht arretiert, also gleichsam festgeschrieben.

Der pubertäre Prozess beeinflusst die für unsere Sexualität zentralen Steuerungszentren, etwa den Hypothalamus, ein kleines unbewusst arbeitendes Kerngebiet im Gehirn. Es ist ein irreversibler Vorgang. An der individuellen Ausrichtung wird sich dann bis zum Tod nichts mehr ändern.

Das gilt auch für den „Regelfall", also die sexuelle Orientierung auf das Gegengeschlecht. Und natürlich für Homosexuelle, die man ja noch vor wenigen Jahrzehnten „umzupolen" versuchte, was so wenig funktionieren konnte wie das Verändern einer fetischistischen Neigung.

Was genau empfindet ein Fetischist? Was etwa spürt der Mann im Gummianzug?

Auch wenn es zunächst schwer zu begreifen ist: Es geht immer um die besondere Beziehung zum Fetisch und ein damit verknüpftes Zugehörigkeitsgefühl.

Seiner sexuellen Präferenz entsprechend, sucht jeder Mensch nach einem Partner, der seiner Vorliebe entgegenkommt. Mit diesem strebt er eine Beziehung an. Es geht dabei aber weniger um sexuelle Erregung und Höhepunkte.

Nehmen wir einen sexuell auf Frauen orientierten Mann. Er verliebt sich in eine Frau, will mit ihr eine Beziehung führen, will zu ihr gehören – und wünscht sich, dass sie genauso empfindet. Er will mit der Partnerin also offensichtlich keineswegs nur Orgasmen erleben.

Aber warum ist das so?

Das liegt daran, dass die Beziehung als solche psychosoziale Grundbedürfnisse erfüllt, auf die alle Menschen angewiesen sind.

Diese Bedürfnisse wurzeln in dem tiefen Wunsch nach Akzeptanz, nach Sicherheit und Schutz, nach Geborgenheit und Vertrauen. Letztlich danach, als Mensch angenommen zu werden, sich zugehörig zu fühlen.

Das ist ein evolutionäres Erbe. Als hoch entwickelte, sozial organisierte

ne Zurückhaltung – und ist verunsichert. Zumal ihr Mann immer öfter Erektionsstörungen hat, die den von ihr begehrten vaginalen Koitus unmöglich machen.

Der Mann findet sein Verlangen selber merkwürdig. Und die Frau wundert sich. Sie fragt sich: Warum blickt er nicht auf meinen Busen? Warum will er meinen Po nicht berühren?

Der Mann wiederum merkt, dass sie sich wundert. Er gerät also zunehmend in einen Konflikt. Denn er liebt sie ja. Und

empfindet es als ungehörig, sich beim Sex gedanklich von ihr zu entfernen.

Das Resultat ist ein enormer Leidensdruck. Lange Zeit hat er gehofft, dass seine fetischistische Hingabe eines Tages verschwinden würde – das wünschen sich im Übrigen viele Patienten.

Besteht die Chance, dass der Mann seine Neigung irgendwann ablegen kann?

Nein. Die sexuelle Präferenzstruktur eines Menschen ändert sich nach der Pu-

Säugetiere sind wir biologisch auf Bindung programmiert. Denn isoliert, nur für uns allein, ohne soziale Anerkennung können wir nicht glücklich werden. Darum sind Bindungen von existenzieller Bedeutung.

Und besonders intensiv vermögen wir Akzeptanz und Annahme in einer Liebesbeziehung zu erleben. Wenn wir es schaffen, eine solche Beziehung zu gründen, dann ist das ein Garant für Lebensqualität.

Das klingt ja erst einmal ganz normal und für viele nachvollziehbar.

Hoffentlich. Ein Problem entsteht aber, wenn das Liebesobjekt gar keine Person ist. Wenn also jemand Trost, Vertrautheit, Sicherheit nur im Kontakt mit einem Fetisch erleben kann.

Der Gummifetischist aus meiner Praxis etwa ist vollkommen beziehungsunfähig. Er ist noch nie eine enge Bindung zu einem anderen Menschen eingegangen. Im Grunde bedeutet der Fetisch für ihn das, was andere Menschen in einem Partner sehen. Der Fetisch soll seine Beziehungswünsche erfüllen.

Folglich geht es auch ihm nicht nur um Orgasmen. Er liegt nicht in seinem Gummianzug und hat die ganze Nacht einen Höhepunkt nach dem anderen. Der Anzug verschafft ihm vielmehr die psychoemotionale Stabilisierung, die andere Menschen in Beziehungen zu ihren realen Partnern finden.

Erst im Kontakt mit dem hautengen Anzug fühlt er sich geborgen, sicher und angenommen.

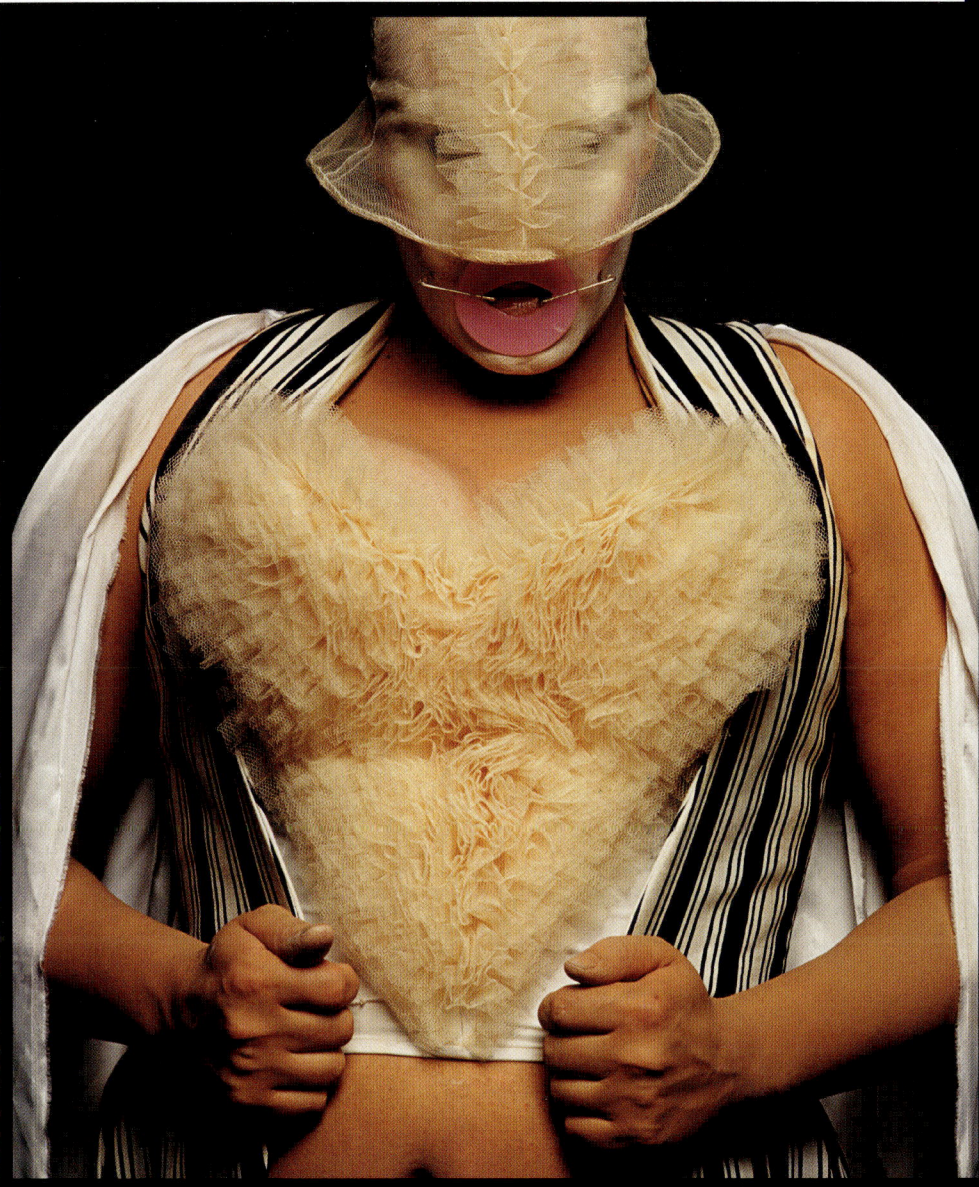

Oft ist Fetischisten ihre sexuelle Neigung peinlich. Sie verbergen ihr Verlangen vor dem Partner, weil sie fürchten, die Liebe könnte an ihren Interessen zerbrechen

Kann man solche extremen Paraphilien auf Schlüsselerlebnisse in der Kindheit zurückführen?

Man findet bei Weitem nicht immer einen eindeutigen Zusammenhang zwischen der Kindheit und der späteren Neigung. Denn nicht allein Vergangenes, sondern immer auch biologische und soziale Faktoren bestimmen, welche Begierden ein Mensch in der kritischen Phase der Pubertät ausbildet.

Heranwachsende sind ja viel mehr als Erwachsene auf der Suche nach stimu-lierenden Erfahrungen. Und die ergeben sich letztlich daraus, welche Reize aus der Umgebung auf den Einzelnen einströmen und welche er davon aufnimmt.

Allerdings: *Wie* jemand diese Reize verarbeitet, hängt mit Sicherheit auch damit zusammen, wie die Qualität der Bindungen war, die er in seiner Kindheit erlebt hat.

Wie sehr wurden seine psychosozialen Wünsche zuvor befriedigt? Gab es da beispielsweise viele Defizite? Fühlte er sich als Kind oft einsam, vernachlässigt, wurde er misshandelt?

Ich kenne Biografien von Menschen, in denen angesichts solcher psychoemotionaler Mangelsituationen bestimmte Fetische eine besondere Besetzung erfahren können. Sie spenden etwa Trost, bieten Sicherheit, wirken antidepressiv und vermögen emotional zu stabilisieren.

Bei einem meiner Patienten beispielsweise lassen sich entsprechende, sehr

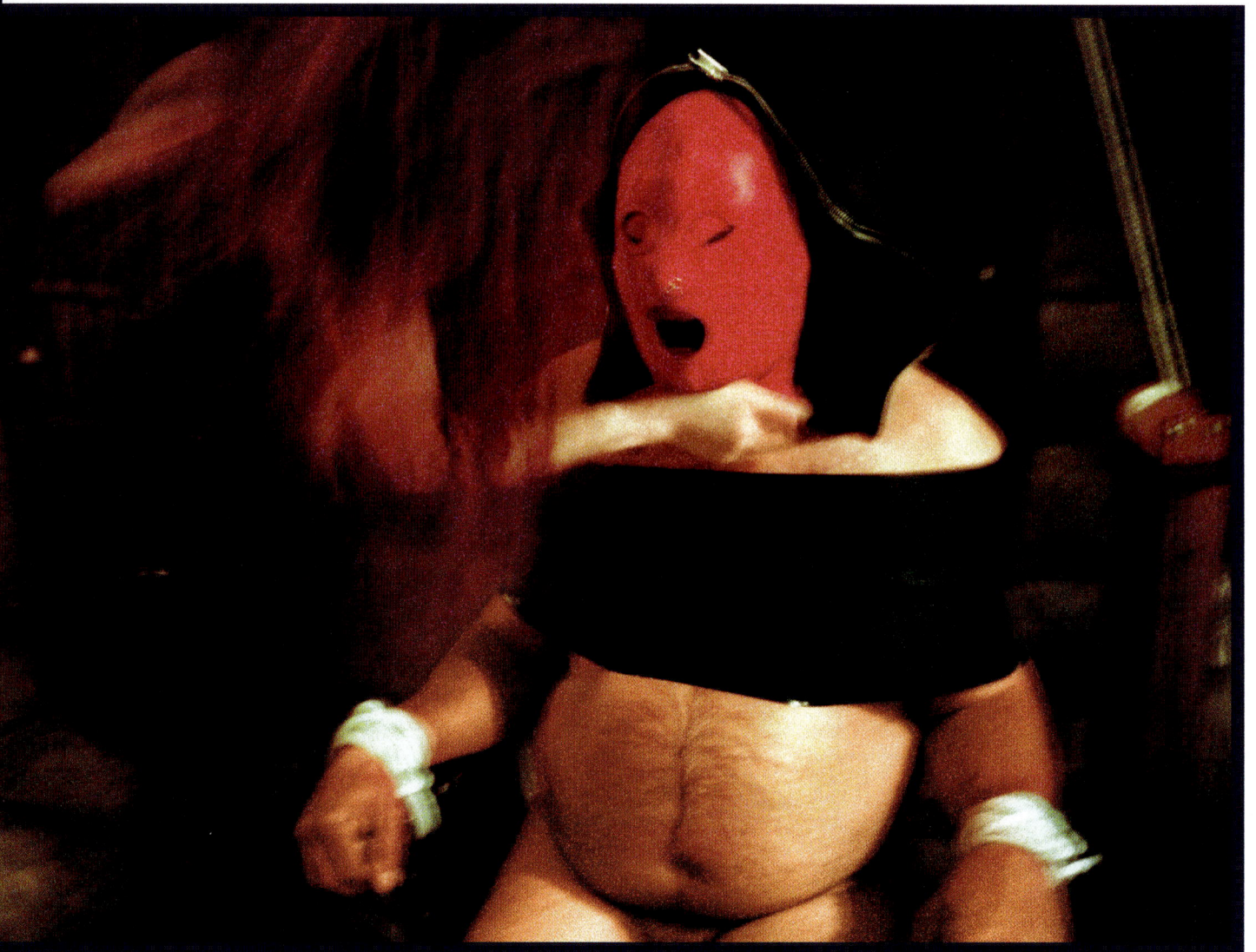

Manche Forscher gehen davon aus, dass fetischistische Neigungen genetisch veranlagt sind. Andere erklären die Lust auf Objekte mit dem Freud'schen Penisneid oder Liebesentzug in der Kindheit. Fest steht aber: Fetischismus kann nicht pauschal auf eine Ursache zurückgeführt werden

ernst zu nehmende Anknüpfungspunkte in seiner Biografie finden. Er ist Bauarbeiter, Anfang 30. Und: Seit seiner Jugend erregen ihn Gipsverbände.

Die Rekonstruktion seines Lebenslaufs ergab, dass der Betroffene als Kind in einem Mangelmilieu aufwuchs und von seiner Familie vernachlässigt wurde. Früh bemerkte er, dass Menschen, die infolge eines Unfalls einen Gips trugen, deutlich mehr Schonung und Fürsorge erfuhren.

Dann hatte er selber einen Unfall, sein Arm wurde eingegipst und seine Beobachtung bestätigte sich: Menschen

zeigten Mitgefühl, kümmerten sich um ihn – er erfuhr Zuneigung.

Als er dann in die Pubertät kam, tauchten in seinen sexuellen Fantasien mit einem Mal Frauen mit einem Gipsfuß auf – oder einem gebrochenen Arm, der eingegipst werden musste.

Viele Menschen würden eine derart sonderbare Vorliebe als „pervers" bezeichnen. Gibt es diesen Begriff in der Sexualwissenschaft überhaupt?

Der Begriff „Perversion" stammt aus der Psychoanalyse und ist mittlerweile eher antiquiert. Fachwissenschaftlich

versteht man darunter einen gestörten Konfliktverarbeitungsmodus: Der „Perverse" sucht etwa durch sexuelle Impulse und Erlebnisse einen Konflikt aus ganz anderen Lebensbereichen zu bewältigen.

Ein klassisches Beispiel ist der sogenannte Don-Juanismus. Vor Jahren kam ein Verwaltungsjurist zu mir. Den ganzen Tag dachte er darüber nach, wie er am Abend eine neue Frau finden könnte. Nur der sexuelle Kontakt mit einer Unbekannten konnte ihn vergewissern, dass er ein ganzer Mann war. Das verschaffte ihm ein Gefühl von Akzeptanz. Nur so vermochte er Selbstwertgefühl aufzubauen.

Aber bloß für kurze Zeit. Nach dem sexuellen Akt zerfiel die Bestätigung sofort wieder. Am folgenden Tag musste er also von Neuem überlegen, woher er den nächsten Beweis bekommen würde. Er war nicht mehr arbeitsfähig.

Haben Sie bei ihm eine klinische Störung diagnostiziert?

Ja. Hier gelten die Kriterien der international gültigen Klassifikationssysteme, insbesondere das Diagnose-Handbuch der amerikanischen Psychiatrievereinigung. Danach liegt eine Störung vor, wenn der Patient unter seinen sexuellen Impulsen leidet oder in seiner sozialen Gestaltungsfähigkeit eingeschränkt ist – hier war ja beides der Fall.

Eine Störung liegt aber auch dann vor, wenn das paraphile sexuelle Verlangen einen Menschen dazu treibt, einen anderen zu verletzen. Das wird in jedem Fall als Störung klassifiziert, unabhängig davon, ob der Täter nun einen Leidensdruck verspürt oder nicht.

Ein extremes Beispiel dafür ist sicherlich der als „Kannibale von Rotenburg" bekannte Armin Meiwes. Er hat im März 2001 den Ingenieur Bernd Brandes mit dessen Einwilligung getötet und anschließend Teile der Leiche gegessen. Sie haben Armin Meiwes psychiatrisch begutachtet. In seinem Fall sprechen Sie von einer fetischistischen Neigung. Was ist hier der Fetisch?

Armin Meiwes hat eine starke fetischistische Bindung an das Fleisch eines erwachsenen Mannes. Es muss zudem ein Mann sein, der ihm sympathisch ist. Meiwes hat sich intensiv mit der Anatomie und Struktur männlicher Muskeln beschäftigt. Er hat den Körper von Brandes gleich einem Schlachtvorgang zerlegt, um an das Fleisch zu gelangen.

Neben dem sexuell erregenden Element ging es ihm jedoch auch darum, eine tiefe zwischenmenschliche Bindung zu erreichen. Er wollte seine Einsamkeit überwinden.

Und das konnte er nur – zumindest hat er sich das vorgestellt –, indem er sich das Fleisch eines anderen Mannes einverleibte.

Wieder einmal finden sie die Durchmischung der Lust- und der Bindungsdimension. Beide wohnen der Sexualität inne. Hier verknüpfen sie sich im Extrem.

Hatte das Opfer Bernd Brandes auch einen Fetisch?

Nein, Brandes litt an einer ganz schweren masochistischen Paraphilie. Er empfand Erregung durch körperliche Qualen, die er wiederum von einem anderen Mann zugefügt bekommen wollte. Seine sexuellen Fantasien gipfelten in dem authentischen Wunsch, sein Penis möge ihm abgetrennt werden.

Auf der Beziehungsebene ist an dem Fall besonders interessant, dass sich Meiwes und Brandes gegenseitig belogen

Wir suchen für **alles** **Gründe** – auch für Perversionen. Doch manchmal **gibt** es keine **Erklärungen**

haben. Nur dadurch konnten sie ihr jeweiliges Ziel überhaupt erreichen.

Meiwes vermittelte seinem Gegenüber, er wäre ein Sadist und täte nichts lieber, als Brandes zu quälen. Dabei wollte er diesem gar keine Schmerzen zufügen. Ihm war das zuwider. Er hat sogar gedacht: Der tickt doch nicht richtig, dass er sich so quälen lassen will. Meiwes ging es lediglich um das Fleisch. Das wollte er essen.

Brandes dagegen gab Meiwes gegenüber vor, sich nichts sehnlicher zu wünschen, als von einem anderen Menschen gegessen zu werden. Doch in Wirklichkeit war ihm das vollkommen gleichgültig. Er wollte nur, dass Meiwes ihm maximale Schmerzen zufügte und ihm schließlich den Penis abschnitt.

Das klingt ziemlich bizarr.

Ist es auch.

Haben Brandes und Meiwes denn letztlich ihre Wünsche verwirklichen können?

Brandes war unheimlich eingenommen von der Vorstellung, die Abtrennung seines Penis verschaffe ihm ein bisher nicht erreichtes Glücksgefühl. Ich weiß aber, dass er enttäuscht war, als wider Erwarten dieses Gefühl nicht eintrat. Die beiden haben ja ihre Zusammenkunft – einschließlich der Penisabtrennung – auf Video aufgenommen.

Meiwes sagt übrigens das Gleiche. Auch er hat sich ein intensiveres Gefühl von der Einverleibung des Fleisches versprochen.

Das hätte ich den beiden aber vorher sagen können. Denn nichts ist realer als die Fiktion. In gewisser Weise geht das wirkliche Erleben mit einer Entzauberung der Fantasie einher.

Können Sie uns erklären, weshalb jemand Schmerz empfinden möchte und das auch noch sexuell erregend findet?

Man kann das kaum begreiflich machen, da die damit verknüpften emotionalen Vorgänge sehr stark von irrationalen Kräften durchwirkt sind.

Gleichwohl streben wir nach plausiblen, rationalen Erklärungen, doch gerade hier scheitern Wissenschaftler häufig. So lassen sich beispielsweise keine regelhaften Ursachen in den Lebensgeschichten der Betroffenen finden.

Wenn es aber keine eindeutigen Gründe gibt, fühlen wir uns als Menschen unwohl. Wir haben große Schwierigkeiten, das so hinzunehmen. Aber genau das müssen wir.

Ich kenne etliche Fälle von schweren sadistischen oder masochistischen Neigungen, bei denen kein wirklich plausibler Grund dafür angeführt werden könnte, weshalb gerade dieser Mensch so fühlt.

Manchmal tauchen in den Biografien allerdings Startpunkte auf, die gewissermaßen den Beginn des besonderen Erlebens markieren.

Der Willkür der Herrin ausgeliefert: Viele Sadomasochisten leben ihre sexuellen Fantasien in anonymen Zirkeln aus. Dort treffen sie auf Eingeweihte, denen es ebenfalls nur um Sex geht

Beispielsweise dann, wenn sich einer meiner Patienten mit einer sadistischen Neigung daran erinnert, dass er schon vor der Pubertät – im Alter von zehn Jahren – eine eigentümliche Lust verspürte: dass er sich etwa bei „Cowboy und Indianer"-Spielen wünschte, das „Martyrium" der am Marterpfahl Gefesselten solle möglichst lange dauern.

Treten sadomasochistische Tendenzen häufiger bei Menschen auf, die in ihrem Beruf viel Macht ausüben – die aber im Gegenzug auch mal beherrscht werden wollen? Es gibt ja das berühmte Bild des Managers, der sich am Wochenende von einer Domina auspeitschen lässt.

Dieses Bild wird häufig kolportiert. Vielleicht weil die Vorstellung reizvoll ist, dass ein Chef auch seine Schwächen hat. Es klingt sensationell – und interessiert die Menschen.

Aber ich sage Ihnen: Die Wirklichkeit sieht anders aus. Es finden sich überhaupt keine Zusammenhänge zwischen sexuellen Präferenzen und Persönlich-

keitseigenschaften, Intelligenz oder sozialer Schichtzugehörigkeit. Man kann daher nur ausdrücklich davon abraten, nach allgemeingültigen Modellen und Typologien zu suchen.

Denn ich kenne auch Männer, die überhaupt keine Machtmenschen sind, eher „Underdogs", und dennoch eine ausgeprägte masochistische Neigung haben. Einige von ihnen würden bestimmt ebenso gern zur Domina gehen wie mancher Manager, haben aber dazu schlicht nicht die finanziellen Mittel.

Auch hier gilt: Der Lustgewinn aus dem Orgasmus ist das eine, der Wunsch nach Anerkennung und Akzeptanz in Bindungen das andere. Das kann bei Menschen mit sadomasochistischen Präferenzstrukturen zu Problemen führen – etwa, wenn sie in einer Beziehung keinen Weg finden, ihren Partner über die Besonderheiten des eigenen sexuellen Erlebens ins Vertrauen zu ziehen.

Nicht wenige koppeln gewissermaßen ihre Lustdimension vom restlichen Leben ab. Sie treffen sich in Zirkeln Ein-

geweihter, wo allen klar ist, dass es nur um das Ausleben sexueller Wünsche geht, losgelöst von der Partnerschaft. Doch dieses „second life" kann die Vertrauensbasis in bestehenden Bindungen – in ihrem „first life" – massiv unterhöhlen. Das ist immer so, wenn Partner im Unklaren gelassen werden.

Nicht selten sind die Betroffenen aber auch mit sich selbst nicht im Reinen – wenn beispielsweise ihre sexuellen Begierden mit ihren sozialen Rollenbildern kollidieren.

Einer meiner Patienten scheitert immer wieder in Beziehungen. Beruflich ist er höchst erfolgreich, ein sehr dynamischer Ingenieur, sportlich, steht voll im Leben.

Doch sein Beziehungsproblem resultiert aus einer tief verwurzelten Ambivalenz: Mit seinem Rollenbild als Mann verbindet er, eine Frau aktiv gewinnen zu müssen, die Initiative zu ergreifen, in der sexuellen Interaktion der Gestaltende zu sein. Auf der Fantasieebene aber stellt er sich das Gegenteil vor: Da gibt er sich der Frau hin.

Da lässt er alles über sich ergehen. Sie ist die Aktive, er völlig passiv. Er möchte von ihr geführt werden, sich unterwerfen. Es ist eine masochistische Komponente, die in seinen Masturbationsfantasien zentral auftaucht.

Das widerspricht aber so sehr seinen Rollenvorstellungen, dass er nicht in der Lage ist, sein Verlangen auszuleben. Er setzt sich unter einen Erwartungsdruck, der mit seinem eigentlichen Erregungsmuster auf jener dritten Achse der Praktiken nicht vereinbar ist.

Die Folge: Er hat Erektionsstörungen, weil er etwas anstrebt, auf das er gar nicht programmiert ist.

Wie kann man einem paraphilen Menschen helfen, dennoch glücklich in einer Beziehung zu werden – selbst wenn seine Partnerin anders fühlt?

In Beziehungen ist es entscheidend, derart viel Vertrauen aufzubringen, dass ein Partner die Chance bekommt, den anderen so kennenzulernen, wie er wirklich ist. Erst dann kann das Gefühl

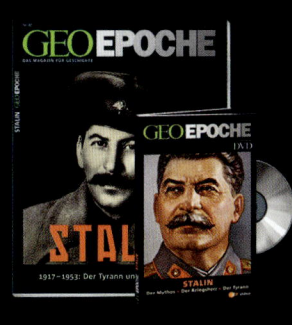

Jeder hat das Bedürfnis, seine Isolation zu überwinden und geliebt zu werden. Auch Menschen mit sonderbaren sexuellen Vorlieben möchten mit ihren Partnern nicht nur Orgasmen erleben

entstehen, wirklich geliebt zu werden. Andernfalls bleiben Zweifel, und die können Beziehungen destabilisieren.

Nehmen wir den Haarfetischisten. Eigentlich könnte man sich fragen: Wo liegt das Problem? Tatsächlich aber weiß der Mann im Grunde nicht, ob seine Frau ihn wirklich liebt. Er zweifelt sogar daran und sagt sich: Wenn sie wüsste, was mich sexuell tatsächlich erregt, würde sie mich verlassen.

Genau darum geht es aber in Beziehungen. Deshalb versuche ich bei Betroffenen darauf hinzuwirken, dass sie sich zunächst vor sich selbst und in einem zweiten Schritt vor ihrem Partner zu ihren sexuellen Vorlieben bekennen.

Niemand sollte sich für seine Wünsche, wie auch immer die geartet sind, verurteilen. Er sollte sie vielmehr als Teil von sich selbst akzeptieren und verantwortlich damit umgehen.

Dann fällt es auch leichter, dem Partner seine Neigung anzuvertrauen. Das aber bedeutet keineswegs, dass der sich diese besonderen sexuellen Wünsche in-folgedessen selbst zu eigen macht. Liebe zeigt sich eher darin, dass man den Partner gänzlich akzeptiert und zu ihm steht.

Intimität sollte in einer Beziehung immer authentisch sein. Wenn eine Frau aufgesetzt die Domina spielt, wird das

Die Frau **erlaubt** ihrem **Mann,** den Abend in **Damenwäsche** zu verbringen – nur nicht vor den **Kindern**

die Erregung des Mannes kaum steigern. Zudem haben auf der Beziehungsebene dann beide den Schaden.

Was man in Partnerschaften sexuell auslebt, sollte von Zuneigung getragen sein. Dann besteht ein Gewinn darin, dem anderen Glück zu verschaffen.

Würde dazu gehören, dem Partner gelegentlich zu erlauben, seine Bedürfnisse außerhalb der Beziehung auszuleben?

Nein. Davon rate ich ab. Denn das öffnet eine Beziehung. Menschen aber wollen in ihrer Bindung zu einem geliebten Partner letztlich immer Exklusivität.

Wie könnte eine Integration aussehen?

Die Frau des Haarfetischisten zum Beispiel könnte seine sexuelle Beschränkung auf Haare dann besser mittragen, wenn sie wüsste, dass dies Ausdruck seiner unveränderbaren sexuellen Präferenzstruktur ist. Die hat er sich ja nicht ausgesucht.

Sie könnte einen Gewinn darin sehen, dass er durch *ihre* Haare zum Höhepunkt kommt, wenn er sich diesen konfliktfrei widmen darf. Und sie würde diesen Gewinn sicher auch dann sehen, wenn sie selbst keinen Orgasmus erlebt.

Je nach Einzelfall kann eine Integration in die Beziehung sehr unterschiedlich aussehen. Ein anderes Beispiel: Die Frau eines Polizisten hat durch Zufall im Keller Tüten voller Frauenkleider gefunden. Wie sich herausstellte, hatte ihr Mann immer wieder heimlich Damenwäsche getragen. Er hat einen transvestitischen Fetischismus vor seiner Frau abgeschirmt – über Jahre.

Die beiden kamen zu mir. Die Frau fühlte sich überfordert und hilflos. Er hatte sie ja gewissermaßen hintergangen. Sie war besorgt und fragte sich, wo das enden werde, also welche sexuellen Vorlieben als Nächstes zum Vorschein kommen würden. Ob er womöglich demnächst losginge und Frauen umbrächte. Das ist kein Witz!

Im Laufe der Paargespräche hat sich die Frau dann zunehmend beruhigt. Die beiden liebten ja einander – und sie war schließlich einverstanden, dass ihr Mann gelegentlich auch daheim und in ihrem Beisein Damenwäsche trug.

Das Einzige, worauf sie bestand: Ihre Kinder durften das auf keinen Fall mitbekommen. Das hat er akzeptiert und darauf schließlich mehr geachtet als sie. Das hat die Frau entlastet und den Mann natürlich auch. Insofern war dieser Verlauf vertrauensfördernd und beziehungsstabilisierend.

Kann das Ausleben solcher Fantasien zur Sucht werden? Kann es etwa vorkommen, dass jemand anfangs eine Gummi-Unterhose anzieht, mit der Zeit einen immer stärkeren Stimulus braucht – und am Ende jede Nacht in einem Anzug schläft?

Nein. Zwar schirmen viele Menschen vor allem als problematisch empfundene paraphile Erregungsmuster lange vor sich selbst ab. Aber die bestehen ja bereits seit der Jugend – und das Ausmaß der inneren Auseinandersetzung damit ist von Mensch zu Mensch höchst unterschiedlich: Manch einer verbirgt seine sexuelle Begierde sein ganzes Leben, ein anderer dagegen ringt immer stärker mit sich – und möchte sie dann irgendwann doch ausleben.

Das kann mitunter den Eindruck erwecken, es handele sich dabei um eine Steigerung. Aber im Grunde genommen wird nur etwas offengelegt, was seit Jugendjahren ohnehin schon als Muster bestand. Es war nur eben lange Zeit nicht zugänglich.

Viele Betroffene versuchen ja, ihre abseitigen Wünsche zu verdrängen. Unter anderem auch aus Angst vor den Reaktionen der anderen.

Denn sobald uns Mitmenschen etwas fremd oder sonderbar vorkommt, neigen wir leider dazu, es auszugrenzen, lächerlich zu machen, zu verspotten, ja manchmal gar zu verteufeln.

Doch auf den drei Achsen, die ich Ihnen genannt habe, birgt der große Garten Gottes eine unglaubliche Variationsbreite. Und wir sollten uns davor hüten, die sexuellen Vorlieben eines Menschen zu bewerten. □

Professor Klaus M. Beier, Jahrgang 1961, leitet das Institut für Sexualwissenschaft und Sexualmedizin an der Charité in Berlin.
Fergus Greer porträtierte den britischen Performancekünstler Leigh Bowery in mehr als 200 seiner selbstgefertigten Kostüme.
Susan Meiselas, 1948 in Baltimore geboren, ist seit 1976 Mitglied der renommierten Fotografenagentur „Magnum".

Literatur: K. M. Beier, H. Bosinski, K. Loewit, „Sexualmedizin", Urban & Fischer.

GEOkompakt

Gruner + Jahr AG & Co KG, Druck- und Verlagshaus, Am Baumwall 11, 20459 Hamburg. Postanschrift für Verlag und Redaktion: 20444 Hamburg, Telefon 040 / 37 03-0, Telefax 040 / 37 03 56 47, Telex 21 95 20. Internet: www.GEOkompakt.de

HERAUSGEBER
Peter-Matthias Gaede
CHEFREDAKTEUR
Michael Schaper
GESCHÄFTSFÜHRENDE REDAKTEURE
Martin Meister, Claus Peter Simon
TEXTREDAKTION
Rainer Harf (Heftkonzept),
Jörn Auf dem Kampe, Dr. Henning Engeln
ART DIRECTOR
Torsten Laaker
BILDREDAKTION
Lars Lindemann
Freie Mitarbeit: Christian Gogolin, Katrin Trautner
VERIFIKATION
Susanne Gilges, Bettina Süssemilch
Freie Mitarbeit: Alice Gayler
TEXT-MITARBEIT
Gabriele Riedle, Jens Schröder
Freie Mitarbeit: Dr. Ralf Berhorst, Ute Eberle,
Katharina Kramer, Lisa Leonhardt, Dirk Liesemer,
Harald Martenstein, Martin Paetsch,
Bertram Weiß, Sebastian Witte
ILLUSTRATION
Rainer Harf
CHEFS VOM DIENST
Dirk Krömer
Rainer Droste (Technik)
SCHLUSSREDAKTION
Ralf Schulte
REDAKTIONSASSISTENZ: Ursula Arens
HONORARE: Angelika Györffy
REDAKTIONSBÜRO NEW YORK: Nadja Masri (Leitung),
Tina Ahrens, Markus Seewald, Christof Kalt (Redaktionsassistenz);
535 Fifth Avenue, 29th floor, New York, NY 10017, Tel. 001-646-884-7120,
Fax 001-646-884-7111, E-Mail: geo@geo-ny.com
Verantwortlich für den redaktionellen Inhalt:
Michael Schaper
VERLAGSLEITUNG: Dr. Gerd Brüne, Thomas Lindner
ANZEIGENLEITUNG: Lars Niemann
VERTRIEBSLEITUNG: Torsten König, Deutscher Pressevertrieb
MARKETING: Julia Duden (Ltg.), Patricia Korrell
HERSTELLUNG: Oliver Fehling
ANZEIGENABTEILUNG: Anzeigenverkauf: Sabine Plath,
Tel. 040 / 37 03 38 89, Fax: 040 / 37 03 56 04; Anzeigendisposition:
Anja Mordhorst, Tel. 040 / 37 03 23 38, Fax: 040 / 37 03 56 04
Es gilt die Anzeigenpreisliste Nr. 5/2009
Der Export der Zeitschrift GEOkompakt und deren Vertrieb im Ausland sind nur mit Genehmigung des Verlages statthaft. GEOkompakt darf nur mit Genehmigung des Verlages in Lesezirkeln geführt werden.
Bankverbindung: Deutsche Bank AG Hamburg,
Konto 0322800, BLZ 200 700 00
Heft-Preis: 8,50 Euro • ISBN 978-3-570-19886-5
© 2009 Gruner + Jahr Hamburg
ISSN 1614-6913
Litho: 4mat Media, Hamburg
Druck: Mohn Media Mohndruck GmbH, Gütersloh
Printed in Germany

GEO-LESERSERVICE

FRAGEN AN DIE REDAKTION
Telefon: 040/37 03 20 73, Telefax: 040/37 03 56 48, E-Mail: briefe@geo.de

ABONNEMENT- UND EINZELHEFTBESTELLUNG
ABONNEMENT DEUTSCHLAND Jahres-Abonnement: 31 €
24-Std.-Online-Kundenservice: www.MeinAbo.de/service
BESTELLUNG: DPV Deutscher Pressevertrieb GEO-Kundenservice 20080 Hamburg
Telefon: 01805/861 80 03*
KUNDENSERVICE ALLGEMEIN: (pers. erreichb.) Mo–Fr 7.30 bis 20.00 Uhr
Sa 9.00 bis 14.00 Uhr Telefon: 01805/861 80 03* Telefax: 01805/861 80 02*
E-Mail: geo-service@guj.de
ABONNEMENT ÖSTERREICH
GEO-Kundenservice Postfach 5, 6960 Wolfurt Telefon: 0820/00 10 85
Telefax: 0820/00 10 86 E-Mail: geo@abo-service.at
ABONNEMENT SCHWEIZ
GEO-Kundenservice Postfach, 6002 Luzern Telefon: 041/329 22 20
Telefax: 041/329 22 04 E-Mail: geo@leserservice.ch
ABONNEMENT ÜBRIGES AUSLAND
GEO-Kundenservice, Postfach, CH-6002 Luzern; Telefon: 0041-41/329 22 20,
Telefax: 0041-41/329 22 04; E-Mail: geo@leserservice.ch

BESTELLADRESSE FÜR
GEO-BÜCHER, GEO-KALENDER, SCHUBER ETC.
DEUTSCHLAND
GEO-Versand-Service, Werner-Haas-Straße 5, 74172 Neckarsulm
Telefon: 01805/06 20 00*, Telefax: 01805/08 20 00*, E-Mail: service@guj.com
SCHWEIZ
GEO-Versand-Service 50/001, Postfach 1002, CH-1240 Genf 42
ÖSTERREICH
GEO-Versand-Service 50/001, Postfach 5000, A-1150 Wien
BESTELLUNGEN PER TELEFON UND FAX FÜR ALLE LÄNDER
Telefon: 0049-1805/06 20 00, Telefax: 0049-1805/08 20 00, E-Mail: service guj.com

*14 Cent/Min. aus dem deutschen Festnetz, Mobilfunkpreise können abweichen

Ein Forscherleben für die Liebe

Mit modernen Apparaturen entschlüsseln Anthropologen, Psychologen und Neurobiologen das Regelwerk von Lust, Treue und Eifersucht: Sie scannen die Gehirne Verliebter, ergründen die Wirkweise von Molekülen und suchen nach Genen, die uns zu Seitensprüngen verleiten

Texte: Henning Engeln, Bertram Weiß, Sebastian Witte

Die Chemie der Triebe

Verliebtheit ist ein Ausnahmezustand, sagt Helen Fisher. Verantwortlich dafür seien Hirnschaltkreise

Wohl keine Forscherin in Sachen Liebe und Sex wird weltweit so häufig zitiert wie die Amerikanerin Helen Fisher. Unter anderem hat sich die Anthropologin und Psychologin mit der Frage beschäftigt, weshalb sich Paare mit einem Kind nach etwa vier Jahren überdurchschnittlich häufig trennen (siehe Seite 94) – und auf welche Weise eine Frau per Kuss herausfinden kann, ob ein Partner ein guter Vater wäre (Seite 60).

Ihre wichtigsten Forschungen aber kreisen um die Frage, wie es kommt, dass erwachsene Männer (aber auch Frauen) sich in einer Phase neuer Verliebtheit häufig so verhalten wie pubertierende Teenager. Mit anderen Worten: Wenn wir den ganzen Tag über an die Angebetete denken, wenn unser Herz zu rasen beginnt, wenn wir sie plötzlich sehen, wenn wir nachts aufwachen und sofort an sie denken – folgen wir dann sklavisch einem chemischen Programm in unserem Körper, auf das wir keinerlei Einfluss haben? Und läuft eine solche Verliebtheit bei allen Menschen mehr oder weniger ähnlich ab?

Schon seit einigen Jahren beginnen Forscher zu begreifen, dass die drei Grundelemente, die in der Beziehung zweier Menschen zueinander Paarung und Fortpflanzung steuern – Lust, Verliebtheit, längere Bindung –, auf nüchterne

biochemische Reaktionen zurückzuführen sind. So steigt bei Männern wie Frauen die körperliche Lust auf einen Partner beispielsweise durch eine Ausschüttung des Sexualhormons Testosteron. Und bei Paaren, die schon länger zusammen sind, könnte unter anderem das „Kuschelhormon" Oxytocin dafür sorgen, dass bei beiden Beteiligten ein Gefühl von Verschmelzung, Nähe und Bindung zunimmt – das jedenfalls vermuten Forscher nach verschiedenen Tierexperimenten.

Helen Fisher hat vor ein paar Jahren begonnen, an der Rutgers University in New Jersey die Biochemie der Verliebtheit genauer zu untersuchen. Sie ging davon aus, dass dieser Ausnahmezustand, der Züge einer Besessenheit aufweist, vor allem durch drei Botenstoffe im Gehirn – Dopamin, Norepinephrin und Serotonin – ausgelöst wird. Gemeinsam mit ihren Kollegen fand sie heraus, dass es sich dabei um ein auch anatomisch tief im Hirn verwurzeltes Bedürfnis handelt.

So haben verliebte Menschen kaum Appetit, ihr Herz klopft, sie sehnen sich nach dem Partner und schwelgen in Hochstimmung, alles Anzeichen, die auf einen erhöhten Dopaminspie-

In den Gehirnen Verliebter entdeckte **Helen Fisher** zwei Areale mit hoher Aktivität

gel hinweisen. Norepinephrin, eine dem Dopamin verwandte Substanz, wirkt ähnlich: Sie macht „high", macht aber zusätzlich das Gedächtnis für neue Reize aufnahmefähig. Vielleicht erinnern sich Verliebte deshalb an kleinste Details und scheinbar noch so unbedeutende Erlebnisse mit dem Partner.

Dagegen fällt bei Verliebten der Spiegel der körpereigenen Droge Serotonin im Blut – was vermutlich erklärt, wieso sie häufig von den Gedanken an den Partner besessen sind: Denn auch bei Patienten, die unter Zwangsstörungen leiden, ist eine geringe Konzentration dieses Stoffes festgestellt worden.

Um herauszufinden, wo genau das entsteht, was wir gemeinhin das Gefühl der Verliebtheit nennen, und wo diese drei Substanzen im Hirn aktiv sind, untersuchte Helen Fisher in einem funktionellen Kernspintomographen insgesamt 20 Männer und Frauen, die von sich angaben, gerade glücklich verliebt zu sein. Da den Forschern bekannt war, welche Nervenarten die unterschiedlichen Hirnregionen verbinden, konnten sie bei erhöhter Stoffwechselaktivität in bestimmten Strukturen Rückschlüsse auf die dort wirkenden Substanzen ziehen.

Dabei kam heraus, dass vor allem zwei Strukturen aktiviert werden, wenn ein Mensch sich verliebt: das den Botenstoff Dopamin ausschüttende ventrale Tegmentum sowie Teile des unter anderem durch Dopamin gesteuerten *Nucleus caudatus*.

Beide gehören zum „Belohnungssystem" des Gehirns: einem neuronalen Netz, das für Erregungs- und Lustempfindungen zuständig ist – und das zum evolutionsgeschichtlich ältesten Teil unseres Hirns gehört.

Damit, so Helen Fishers Überzeugung, sei erwiesen, dass Verliebtheit ein im Gehirn verankertes elementares Grundbedürfnis des *Homo sapiens* ist – ein irrationales, nicht zu unterdrückendes Verlangen, das jeder Mensch verspüren kann, gleichgültig, wie alt er ist.

Welche genauen Schaltkreise und Strukturen bei Verliebtheit durch die Botenstoffe Norepinephrin und Serotonin moduliert werden, wird noch untersucht. Ebenfalls nicht endgültig aufgeklärt ist, wie genau im Hirn die Reaktionskaskaden ablaufen, die bei den anderen beiden Ausprägungen menschlicher Beziehungen – Lust und längere Bindung – involviert sind.

Würde es gelingen, auch die irgendwann zu lokalisieren, läge eines Tages eine Art „Landkarte der Liebe" vor, die genau wiedergäbe, welche Hirnregionen wann, wie und weshalb aktiviert werden, wenn wir Lust auf den anderen haben, wenn wir uns in ihn verlieben, und wenn wir beschließen, für immer mit ihm zusammenzubleiben.

An der wunderbaren Verrücktheit des Verliebtseins wird das natürlich nichts ändern.

Symbolische Geschlechter

Ina Rösing stieß in Bolivien auf ein Dorf, dessen Einwohner nicht nur Mann und Frau unterscheiden

Zwar gibt es biologisch nur zwei Geschlechter. Doch manche Völker kennen mehr Varianten: Nordamerikanische Indianer etwa unterscheiden Männer, Frauen – und „Berdachen", die sich wie das jeweils andere Geschlecht kleiden und verhalten. In Afrika erlauben es 40 Stämme Frauen, andere Frauen zu heiraten; sie werden als „weibliche Ehemänner" angesehen. Und in albanischen Bergdörfern leben die „Burrneshas", die die Rolle des männlichen Familienoberhaupts übernehmen.

Auf das weltweit vielschichtigste Geschlechtersystem aber ist Ina Rösing gestoßen. Sieben Jahre lebte die Anthropologin in Amarete, einem abgelegenen Dorf in den Anden Boliviens. Dort bemerkte sie, dass jeder Amaretener neben seinem biologischen auch ein symbolisches Geschlecht hat.

Es kann männlich sein oder sogar doppelgeschlechtlich. Dieses symbolische Geschlecht richtet sich unter anderem nach Lage und Fruchtbarkeit seiner Felder: Besitzt ein Dorfbewohner etwa Land im höher gelegenen Teil der Siedlung, wo die Sonne untergeht, wird er – egal, ob biologisch Mann oder Frau – symbolisch als Frau wahrgenommen. Ein Acker im Unterdorf, im Bereich des Sonnenaufgangs, wiederum verleiht seinem Besitzer das symbolische Geschlecht des Mannes. Zudem kommt meist noch ein zweites symbolisches Geschlecht hinzu, das durch die Qualität des Ackers bestimmt ist: Der gute Boden ist männlich, während die geringere Güte als weiblich gilt.

Ina Rösing brauchte mehrere Jahre, um das komplexe System zu entschlüsseln. Sie fand heraus, dass sich aus der Verbindung von biologischem mit symbolischem Geschlecht zehn Geschlechter-Kombinationen ergeben: Ein weib-männlicher Mann etwa wohnt oben im Dorf und bewirtschaftet fruchtbares Land. Eine mann-weibliche Frau dagegen besitzt einen weniger guten Acker im unteren Teil der Siedlung.

Die Wissenschaftlerin vergleicht die fremdartige Vorstellungswelt der Einwohner mit einer Sprache: Zwar beherrschen Muttersprachler deren Grammatik, doch die meisten können diese nicht erklären.

Selbst die Amaretener vermögen ihr Regelwerk Außenstehenden kaum zu vermitteln. Und doch beherrscht das System ihr ganzes Leben. Es bestimmt, wer bei Versammlungen links oder rechts sitzt. Welcher Dorfbewohner sich einem anderen unterzuordnen hat. Und: Amaretener dulden nur Ehen zwischen Männern und Frauen, deren symbolische Geschlechter übereinstimmen. Daher wechseln es manche Frauen bei der Heirat.

Weshalb sich das einzigartige, noch heute lebendige System entwickelt hat, ist bislang ungeklärt. Ina Rösing vermutet, dass es Amaretenern dabei hilft, achtsamer gegenüber religiösen Riten zu sein. Denn vom Wohlwollen der Götter, so glauben sie, hängt es ab, ob Mensch, Vieh und Felder gedeihen.

Ina Rösing enträtselte das wohl komplexeste Geschlechtersystem der Welt

Die vererbte Treue

Larry Young spritzte Mäusemännchen ein Gen ins Hirn: Fortan widmeten sie sich nur noch einem Weibchen

Einige Menschen leben völlig monogam: Über Jahrzehnte lassen sie sich sexuell auf einen einzigen Partner ein. Andere wiederum binden sich nur für kurze Zeit, sie treibt es immer wieder zu neuen erotischen Abenteuern. Larry Young von der Emory University in Atlanta ist einer der ersten Liebesforscher, die die Veranlagung zu Treue oder Sprunghaftigkeit auf biochemische Prozesse im Körper zurückführen.

Larry Young untersucht den Einfluss von Genen auf das Liebesleben

Experimente an Nagern haben den Neurobiologen zu dieser Überzeugung gebracht: In seinem Labor studiert Young das Liebesleben zweier nah verwandter Mausarten, die sich in ihrem Paarungsverhalten deutlich unterscheiden. Die Wiesen-Wühlmaus ist polygam: Ständig wechseln die Männchen ihre Sexualpartnerinnen. Prärie-Wühlmäuse indes bilden Paare, die ein Leben lang zusammenbleiben.

Young und seine Mitarbeiter untersuchten die Gehirne der beiden Nagerarten und fanden heraus: Die monogamen Prärie-Wühlmäuse verfügen über weit mehr Rezeptoren, an die das Hormon Vasopressin andocken kann. Es ist ein dem „Kuschelhormon" Oxytocin ähnlicher Botenstoff, der das Bindungsverhalten beeinflusst. Im Erbgut der Prärie-Wühlmäuse konnte Young zudem ein Gen lokalisieren, das für die Ausbildung dieser Empfängermoleküle verantwortlich ist.

Mit molekularbiologischen Methoden gelang es dem Wissenschaftler, ebendieses Gen in das Gehirn polygamer Wiesen-Wühlmausmännchen einzuschleusen. Das fremde Gen sorgte in der Folge dafür, dass auch in den Denkorganen der unsteten Mäuse die Dichte der Vasopressin-Rezeptoren stieg.

Wenige Tage nach dem Eingriff beobachtete Young Erstaunliches: Die zuvor liebestollen Nagermännchen wurden anhänglich. Plötzlich widmeten sie sich ausschließlich einer einzigen Partnerin, für andere Weibchen interessierten sie sich nicht mehr. Die manipulierten Mäuse verbrachten doppelt so viel Zeit wie nicht behandelte Tiere damit, ein Weibchen zu beschnüffeln und mit der Schnauze zu kraulen.

Kürzlich hat eine Zwillings-Studie gezeigt, dass das gleiche Gen auch die Beziehungsfähigkeit des Menschen beeinflusst. Männer, die eine bestimmte Variante des „Treue-Gens" in sich tragen, bleiben demnach doppelt so häufig unverheiratet wie jene, bei denen es in anderer Form vorliegt. Zudem klagen Ehemänner mit dieser Erbgut-Variante oft darüber, wie unzufrieden sie mit ihrem Liebesleben seien.

Young geht davon aus, dass es noch andere Gene gibt, die Triebe und Treue beeinflussen. Doch es sei äußerst verblüffend, wie stark ein einzelner Erbfaktor darüber mitbestimmt, wie Mäuse – oder gar Menschen – ihr Liebesleben gestalten.

Die fließende Sexualität

Die sexuelle Orientierung eines Menschen kann sich auch nach der Jugend noch ändern, so Lisa Diamond

Die US-Psychologin Lisa Diamond begann 1995 mit einer Studie, bei der sie 79 Frauen befragte, zu welchen Menschen sie sich körperlich hingezogen fühlten. Zehn Jahre lang interviewte sie immer wieder ihre Probandinnen und beobachtete, wie sich deren Sexualität entwickelte. Lisa Diamond wollte nicht glauben, was Sexualforscher behaupteten: dass schon früh im Leben festgelegt werde, ob sich jemand zu Frauen, Männern oder gar beiden Geschlechtern hingezogen fühle – und zwar ein für allemal.

Für ihre Studie wählte sie Frauen aus, die sich ihrer sexuellen Orientierung nicht sicher waren oder angaben, lesbisch oder bisexuell zu sein. Das Ergebnis: Bei zwei Dritteln der Probandinnen änderte sich die Vorliebe mindestens einmal.

Manche der homosexuellen Frauen verliebten sich zeitweise doch in Männer. Andere waren zunächst bisexuell, fanden aber später nur noch das weibliche Geschlecht attraktiv.

Ein Viertel der Teilnehmerinnen erzählte der Forscherin gar, die Wahl eines Partners hänge wenig von körperlichen Reizen ab, sondern von Vertrauen und charakterlichen Eigenschaften. Diese Frauen fühlen sich „von Menschen angezogen, nicht von Geschlechtern", so Lisa Diamond.

Die sexuelle Orientierung von Frauen könne also „fließend" sein, folgert die Wissenschaftlerin: Sie seien fähig, eine größere Vielfalt erotischer Gefühle zu erleben, als es ihre sexuelle Orientierung erwarten lasse.

Lisa Diamond befragte Frauen zehn Jahre lang nach ihren sexuellen Interessen

Aber gilt diese Erkenntnis nur für das weibliche Geschlecht? „Leider haben wir noch nicht genügend Informationen darüber, ob und wie fließend die männliche Sexualität ist", sagt Lisa Diamond. Sie hofft, dass es bald auch eine Langzeitstudie mit Männern geben wird.

Denn sie will, dass die Gesellschaft erkennt und akzeptiert, wie vielfältig und beweglich Sexualität ist: „Es gibt nichts Schöneres für mich, als wenn jemand nach einem Vortrag zu mir kommt und sagt: ‚Jahrelang habe ich geglaubt, mein Verlangen sei einmalig. Und jetzt weiß ich, dass das nicht stimmt.'"

Die Natur der Eifersucht

Christine Harris fragte Hunderte Menschen, wann sie eifersüchtig werden – mit verblüffendem Ergebnis

Christine Harris versucht eine seit Jahrzehnten etablierte Theorie zu erschüttern: Männer quält Eifersucht vor allem, wenn die Partnerin mit einem anderen Mann schläft – Frauen dagegen, wenn sich der Partner in eine andere verliebt.

Für die Psychologieprofessorin aus San Diego ist diese Vorstellung ein wissenschaftlicher Irrweg. Sie glaubt, dass viele ihrer Kollegen auf den angeblichen Unterschied hereinfallen, weil er scheinbar so einfach herzuleiten ist.

Die bisherige Erklärung: Ein männliches Lebewesen ist evolutionär besonders erfolgreich, wenn es sicher ist, der biologische Vater jener Kinder zu sein, die es versorgt – es sollte sich also vornehmlich gegen sexuelle Eskapaden der Partnerin wehren. Ein weibliches Lebewesen indes muss vor allem Sorge tragen, dass der Partner engagiert bei der Aufzucht hilft – ob er von Zeit zu Zeit fremdgeht, ist dabei nebensächlich.

Eifersucht wäre demnach das Ergebnis eines uralten Interessenkonflikts zwischen den Geschlechtern.

Nur: Christine Harris hat dafür bislang keinen Beleg gefunden, obwohl sie Hunderte Männer und Frauen, homo- wie heterosexuelle, zu ihren Erfahrungen befragt und Dutzende Studienergebnisse aus unterschiedlichen Altersgruppen und Kulturkreisen miteinander verglichen hat. Selbst physiologische Reaktionen, etwa den Hautwiderstand, hat sie bei Probanden gemessen, um die körperliche Erregung beim Gedanken an einen Seitensprung zu erfassen.

Doch immer wieder zeigte sich: Bei Frauen wie Männern entfacht eher sexuelle Untreue die Eifersucht als emotionale Entfremdung. Die Geschlechter unterscheiden sich in ihren Reaktionen nur in den Jugendjahren.

Deshalb mutmaßt die Forscherin, die nagende Angst vor dem Verlust eines Geliebten sei gar nicht aus der Evolution der Geschlechter erwachsen – schließlich gebe es auch unter Geschwistern Eifersucht.

Christine Harris maß Hautwiderstände von Menschen, die an Untreue dachten

Christine Harris vermutet vielmehr, dass die Natur die Eifersucht erfunden hat, damit Menschen schnell reagieren, wenn andere eine wertvolle Beziehung bedrohen – ganz gleich, ob es um die Bindung zwischen Kindern und Eltern oder zwischen Verliebten geht. □

Pornoseiten im Internet sind sortiert
nach Oral und Anal, nach Gaysex, Lesbian,
Asian, Amateur und Gang Bang

Immer mehr Menschen präsentieren
öffentlich ihre Fantasien, lassen Fremde
an ihren Begierden teilhaben

Neue Medien

DIE LIEBE IN ZEITEN DES INTERNETS

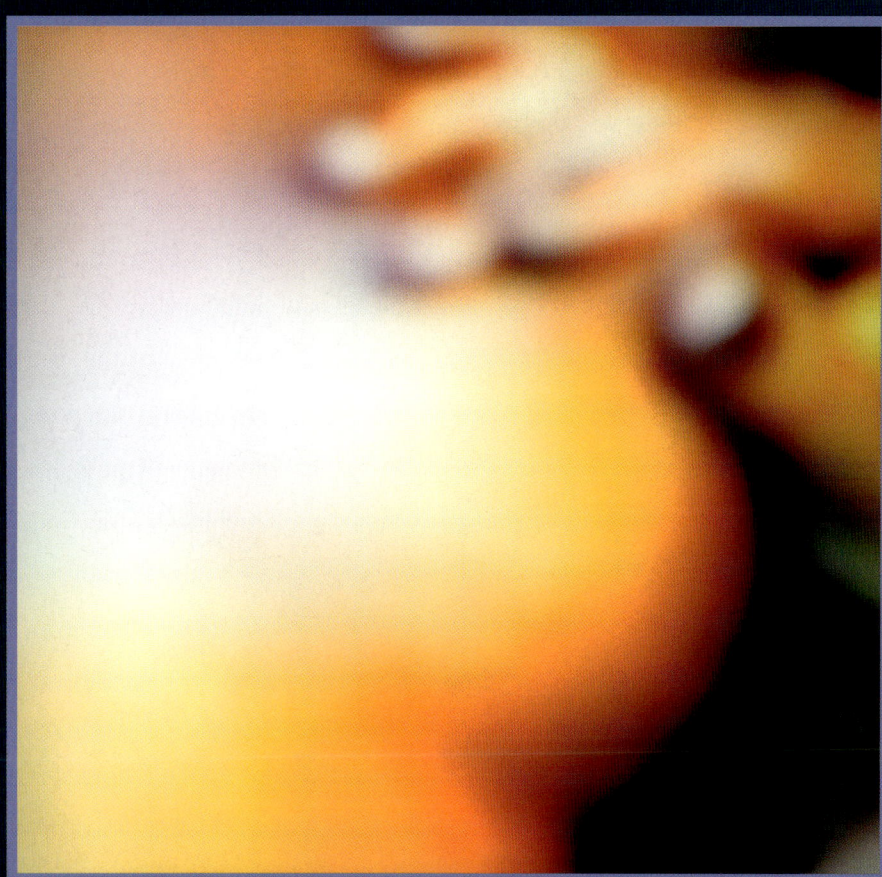

Je öfter Jugendliche Gewaltpornos schauen, desto eher beginnen sie sich nach schmerzhaftem Sex zu sehnen

Nie war Pornografie für Jugendliche so leicht zugänglich. Ob Striptease oder Gewaltorgien – im Internet finden Heranwachsende eine schier grenzenlose Vielfalt von Erotikfotos und Sexfilmen. Was bedeutet das für deren Vorstellung von Lust und Liebe?

Text: Dirk Liesemer; Fotos: Olivier Coulange

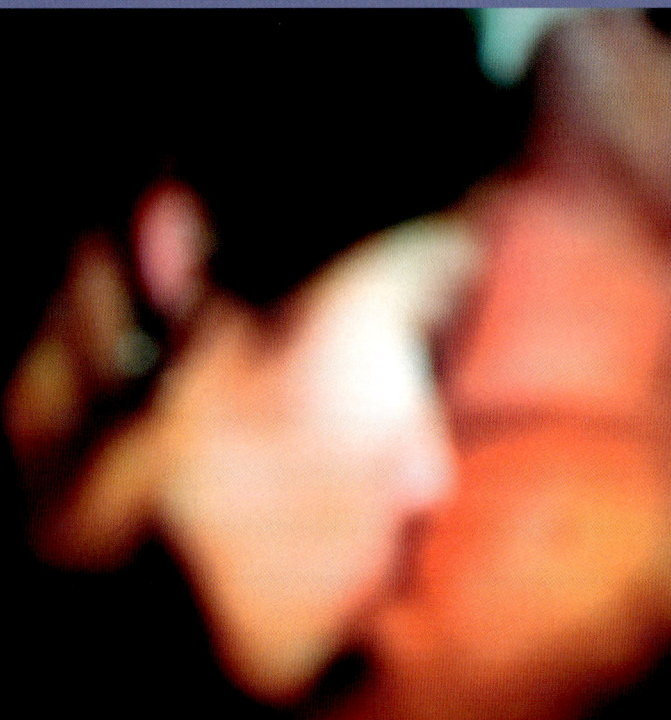

Überall in Deutschland gibt es Schüler, die einander beim Sex filmen und die Clips ins Internet stellen

Als sich Anne* auszieht, kichern die drei Jungen. Sie filmen die Schülerin mit einem Mobiltelefon. Die 15-Jährige schwankt mit nacktem Oberkörper durchs Bild, ihre blonden Haare sind zerzaust.

Annes Klassenkamerad Stefan steht ein wenig unbeholfen vor ihrem Bett. Sie hat ihn überredet, mit ihr zu schlafen. Die beiden johlenden Zuschauer sind dem Mädchen offenbar egal.

An diesem Abend im Mai sind Annes Eltern bei Freunden eingeladen.

Sexuelle Erwartungen und Fantasien bilden sich bereits im kindlichen Gehirn

Party zu feiern. Seit Stunden tanzen Mitschüler im Erdgeschoss, trinken Bier und Wodka, die Nachbarn haben sich schon zweimal beschwert. Es ist kurz nach zwei Uhr nachts.

Splitternackt lässt sich Anne auf ihr Bett fallen. Doch Stefan will nicht mehr. Nicht vor der Kamera, nicht vor seinen Freunden. Das Mädchen versucht, sich wieder anzuziehen. Aber die Jungen nehmen Anne die Kleider weg und lachen sie aus.

Plötzlich geht das Licht an. Annes Mutter steht im Zimmer. Sie fordert das Telefon, will die beschämenden Aufnahmen löschen. Die Jungen haben das Video jedoch schon auf andere Telefone übertragen. Von dort gelangt es ins Internet.

Zwei Tage später kennen fast alle Mitschüler den Clip, von der fünften bis zur zehnten Klasse.

Das Minivideo ist kaum mehr aus der Welt zu schaffen. Vermutlich werden sich Menschen noch in Generationen Anne im Internet anschauen können. Ihre Kinder, ihre Enkel, ihr Arbeitgeber.

Es ist ein Schock für die Familie aus Niedersachsen. Eine Katastrophe. Und doch kein Einzelfall. Überall in Deutschland gibt es Schüler, die einander bei Besäufnissen filmen, auf der Toilette, beim Sex. Und oft stellen sie die Aufnahmen online – Intimitäten für die Öffentlichkeit.

Auf Schulhöfen tauschen Jugendliche solche selbst gedrehten Videos, Jungen laden pornografische Fotos aus dem Netz herunter und lassen sie als Bildschirmschoner auf den Laptops der Mädchen aufflackern.

Was vor zehn Jahren undenkbar war, ist heute für Heranwachsende durchaus möglich: Über sein Mobiltelefon kann ein Junge in Hamburg einem Mädchen aus Montreal in Echtzeit dabei zusehen, wie es sich vor einer Webcam selbst befriedigt.

Er kann durch Partnerbörsen surfen und sich mit Unbekannten zum One-Night-Stand verabreden.

„Das Netz bietet eine pornografi

Mädchen vergleichen ihre Körper mit denen
der Pornodarstellerinnen – und sind dann oft
unzufrieden mit dem eigenen Äußeren

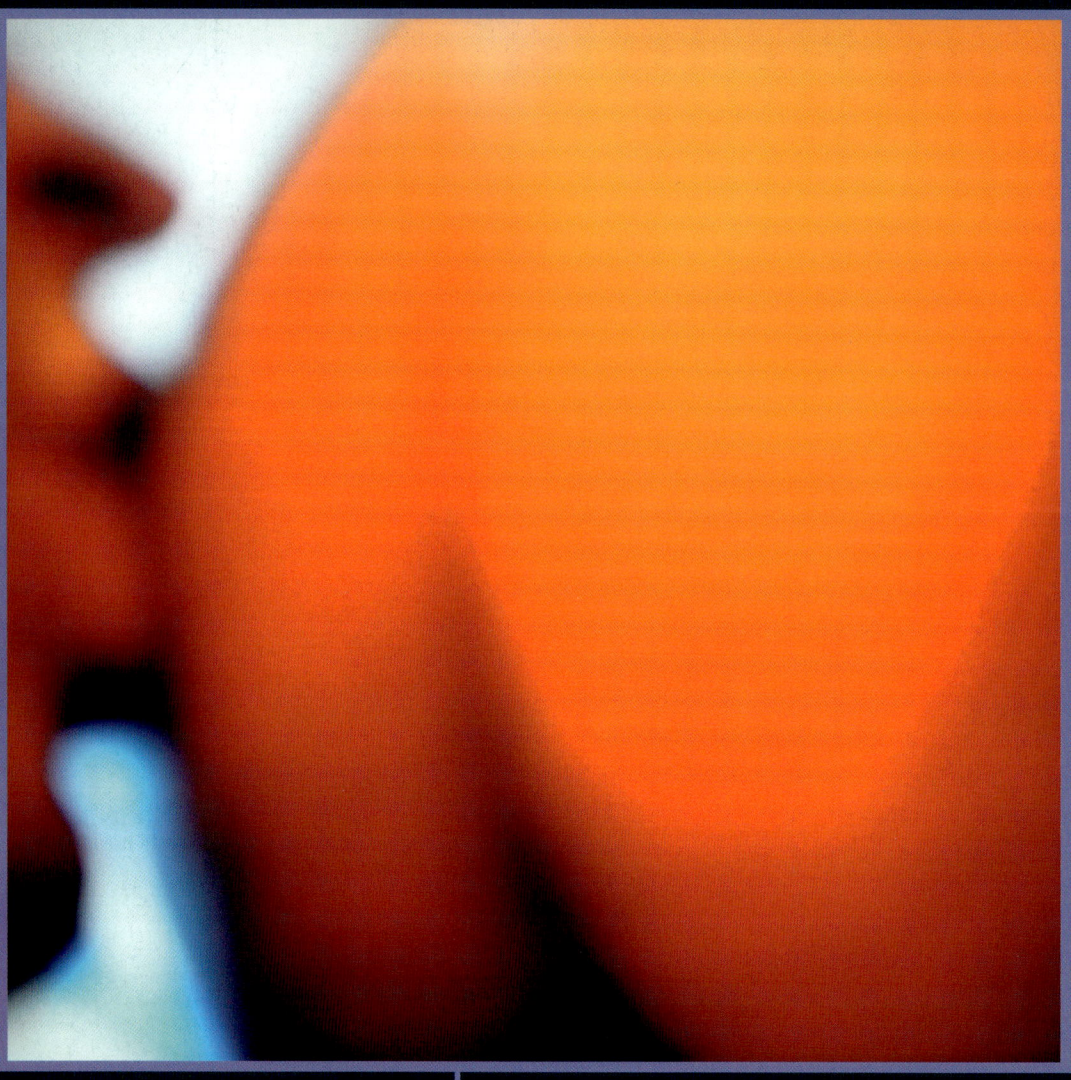

Wer erfahren hat, wie sehr ihn
Pornografie stimuliert, braucht mit
der Zeit immer stärkere Reize

und Sexualwissenschaftler Andreas Hill. Immer mehr Menschen präsentieren öffentlich ihre Fantasien, stellen Amateurvideos zur Schau, lassen Fremde an ihren Begierden teilhaben.

„Wir befinden uns mitten in einem globalen Feldversuch", sagt Hill.

Schon heute schauen zwei Drittel aller 18-jährigen Jungen mehrmals im Monat solche Sexfilme. Nur sieben Prozent sind mit den pornografischen Bildern oder Videos aus dem Internet noch nicht vertraut.

Liebe in Zeiten der digitalen Medien beschreitet neue Wege. Die zwi-

schenmenschliche Verständigung ist heute anonymer, schneller und interaktiver als je zuvor. Nie waren sexuelle Darstellungen für Heranwachsende so einfach zugänglich.

Was aber bedeutet das für ihre Vorstellungen von Zuneigung und Intimität? Wandelt sich die Sexualität der Jugendlichen, ihr Verständnis von Partnerschaft?

„Natürlich habe ich einen Internetzugang in meinem Zimmer", sagt Finn, 14 Jahre, hochgewachsen, kurze Haare, Schüler an einem bi-

schöflichen Gymnasium in Münster. Er wohnt bei seiner Mutter, der Vater lebt in einer anderen Stadt. Manchmal chatten sie oder telefonieren via Webcam miteinander. Die Mutter wisse, was er am Computer mache. „Sie sitzt ja im Zimmer nebenan."

Wo Pornofilme im Netz zu finden sind, erfährt Finn auf dem Schulhof. Mitunter auch in der Zeitung oder in Internet-Communitys wie etwa SchülerVZ: Manche Teenager veröffentlichen dort lange Listen mit Links zu Sexfilmen. „Da ist alles Mögliche aufgeführt, auch Illegales."

Man erkenne das an Kürzeln wie „.to", dem Webcode des südpazifischen Königreichs Tonga.

Die dortige Zulassungsbehörde für Internet-Domains gibt keine Auskunft über Daten der jeweiligen Domain-Inhaber. Daher ist nicht zurückzuverfolgen, wer darauf zugreift.

Auch Spam-Mails führen zu Pornoportalen. Selbst wenn Kinder oder Jugendliche online mit Freunden spielen, springen auf dem Bildschirm mitunter Pop-ups auf – kleine Fenster, die häufig mit einschlägigen Angeboten werben. Die Websites sind sortiert: etwa nach Gaysex, Lesbian, Interracial, Asian, Amateur, Sex mit Älteren oder Schwangeren.

Manchmal ist selbst eine Vergewaltigung nur einen Klick entfernt: „Die Hölle dieser Teenager ist deine Freude", verspricht eine Seite ohne Alterskontrolle. In „nicht jugendfreien" Videos nötigen weiße Männer Afrikanerinnen, scheinbar unterwürfige Asiatinnen verwandeln sich in lüsterne Nymphomaninnen.

Auf wieder anderen Seiten haben Frauen Sex mit Hunden, Pferden und Schlangen. Vermutlich jeder siebte Teenager zwischen 14 und 18 Jahren kennt solche Clips. Eine umfangreiche schwedische Studie zeigte gar: Beinahe jeder fünfte 18-Jährige, der fast täglich Sexfilme anschaut, hat schon einmal Pornos mit Kindern gesehen.

Doch richtet ein solcher Konsum wirklich Schaden in der Psyche der Heranwachsenden an? Werden aus jugendlichen Pornosurfern zwangsläufig Gefühlskrüppel, die das, was sie auf dem Monitor sehen, für alltäglich halten?

Manche Forscher sind da skeptisch. „Teenager, die Pornografie ansehen, sind nicht wie leere Tafeln", schreibt Gunter Schmidt, Experte für Sexualforschung und Forensische Psychiatrie: „Die pornografischen Stimuli treffen vielmehr auf eine schon vorhandene Struktur des Begehrens."

Denn Geschlechterbilder, sexuelle Erwartungen und Fantasien bilden sich bereits im kindlichen Gehirn.

Kinder vergessen Sexbilder oft schnell. Doch die Eindrücke lassen unbewusste Spuren zurück

Wissenschaftler nennen sie „Skripte" oder „Lovemaps". Sie weisen den Weg, bevor der erste Sex stattfindet.

Diese „Liebeslandkarten" entwickeln sich ein Leben lang. Sie verändern sich, sobald ein Mensch sexuelle Erfahrungen sammelt, die erste Beziehung eingeht, einen neuen Partner findet und mit ihm auf zuvor ungekannte Weise intim wird.

Und schon in den frühen Lebensjahren reifen die Skripte heran: Wenn Kinder ihre Umwelt beobachten und sehen, wie die Eltern miteinander umgehen. Ob sie sich küssen und umarmen, zärtlich oder grob zueinander sind, diskutieren oder streiten. Wenn Kinder sehen, wie sich Paare in Filmen lieben, welche Tabus dort gelten oder wie sich die Geschlechter verhalten. So ist es etwa üblich, dass die Initiative zum ersten Mal von Jungen ausgeht, Mädchen dagegen eher abwarten und Avancen zurückweisen.

Jede Beobachtung formt die Skripte der jungen Heranwachsenden – auch wenn Kinder sexuelle Szenen in Filmen oft noch gar nicht verstehen und sie sich anschließend kaum daran erinnern. Jahre später, wenn die Heranwachsenden erste sexuelle Erfahrungen sammeln, können die Bilder aus der Kindheit ins Bewusstsein aufsteigen und mitunter ihr Verhalten beeinflussen.

Und: Kinder verarbeiten ihre Eindrücke individuell – je nachdem, ob sie draufgängerisch, selbstsicher und lebenslustig sind oder vorsichtig, zurückhaltend und ängstlich. Ob sie sich oft schämen, gern im Mittelpunkt stehen oder ihnen die Anerkennung von Freunden besonders wichtig ist.

Wie sehr sich ein gesellschaftlicher Wandel auf die Skripte auswirkt, zeigt beispielsweise die „sexuelle Revolution" der späten 1960er Jahre: Innerhalb kurzer Zeit hatten viele bürgerliche Jugendliche ihren ersten Geschlechtsverkehr im Alter von 16 oder 17 Jahren – rund vier Jahre früher als zuvor.

Heute pubertieren Kinder zudem eher als damals: Mädchen beginnen ab zehn Jahren, Jungen mit zwölf. Vor allem digitale Medien wie das Internet prägen mittlerweile ihre sexuellen Skripte.

Die Suche nach Wissen über Sexualität gleicht einer Selbstsozialisation. Schüler finden immer häufiger Beispiele und Vorbilder für Sex im Netz. Wer keine pornografischen Clips schaut, gilt in der Schule mitunter als kindlich oder verklemmt.

„Viele sind zehn oder elf, wenn sie ihren ersten Film sehen", sagt Marcel, 16 Jahre, Gymnasiast in Münster, ein sportlicher Typ mit schwarzen,

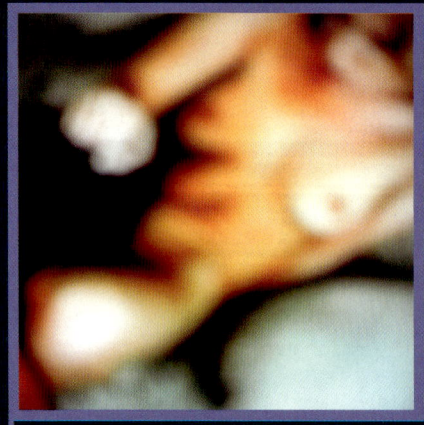

Mädchen befürchten, ihre Partner könnten von ihnen verlangen, was sie in den Filmen gesehen haben

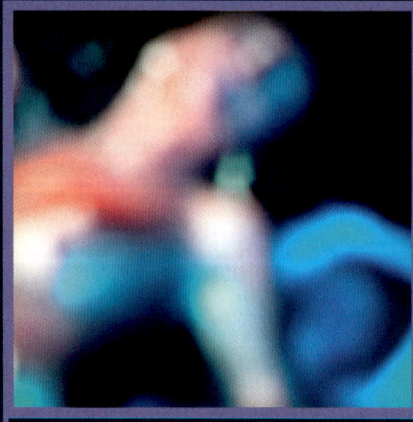

Manche Pornos vermitteln den Eindruck, Frauen empfänden nur dann Lust, wenn sie erniedrigt werden

lockigen Haaren. „In meinem Alter hat doch jeder schon einen Porno gesehen." Manche Sexseiten im Internet seien längst kein Geheimtipp mehr.

„Die Jungen suchen Spaß", sagt Marcel, „und die Mädchen möchten wissen, was die Jungen sich anschauen." Jungen wollten im Netz herausfinden, was denn so alles möglich sei zwischen Mann und Frau. Wollten lernen, welche Stellungen es gebe.

Aber Jungen schauten nur, was sie wirklich mögen würden. „Sonst klickt man doch einfach weiter."

Mädchen machten sich dagegen eher lustig. „Die meisten sagen aber nichts, sie sind ziemlich schüchtern." Nur wenige von ihnen schauten gern Pornos.

Im Internet würden sie eher nach Flirttipps suchen und sich darüber in Chatrooms mit ihren Freundinnen unterhalten. Chatten könnten die ohnehin viel besser, das merke man schon beim Flirten.

Weshalb manche Menschen sich beim Sex filmen und die Videos hochladen, versteht Marcel nicht. „Man verkauft sich dann. Und das doch wohl nur, um möglichst viele Klicks zu erhalten."

Jungs stöbern offenbar häufig auf Sexseiten. Filme mit Striptease, Petting oder Beischlaf stimulieren mehr als 50 Prozent von ihnen, so haben Umfragen ergeben. Oft masturbieren sie vor dem Monitor.

Die meisten Pornos entsprechen genau der Erregungskurve von Männern: Auf Kuss-Szenen folgt Oralsex, dann der Koitus, schließlich der Orgasmus des Mannes.

Mit zunehmendem Alter schauen Jungen immer häufiger pornografische Clips, und je mehr sie davon ansehen, desto realistischer erscheinen ihnen die Inhalte.

Der häufige Konsum von Sexfilmen kann zudem einen psychischen Prozess in Gang setzen: Wer erfahren hat, wie sehr ihn Pornografie stimuliert, gewöhnt sich mit der Zeit daran und braucht immer stärkere Reize. Wissenschaftler nennen diesen Effekt „sexuelle Habituierung".

Mädchen tauchen weniger tief in die Bilderflut ab. Viel eher achten sie auf das Äußere der Akteure, vergleichen ihre Körper mit denen der Pornodarstellerinnen und orientieren sich

higen sie Jugendliche und vermindern ihre Aggression.

Hardcore-Filme indes oder Gewalt-Pornografie, in der schmerzhafte Sexpraktiken wie Schlagen und Peitschen zu sehen sind, wirken genau gegenteilig. Häufig fesseln und foltern die Darsteller einander. Je häufiger sich Jugendliche solchen Extremdarstellungen aussetzen, desto realistischer erscheinen sie ihnen und desto eher beginnen sie sich danach zu sehnen.

Zudem sehen manche Forscher in Pornos einen Motor für sexuellen Machtmissbrauch. Demnach vermitteln sie den Eindruck, Frauen empfänden nur dann Lust, wenn sie erniedrigt werden. Wenn muskulöse Kerle sie beim Sex dominieren.

Dies lässt etwa eine repräsentative Studie aus Kanada vermuten: Haben junge Männer häufig Pornofilme gesehen, können sie sich eher vorstellen, eine Frau sexuell zu bedrängen.

Dennoch führt der Gedanke natürlich nicht zwangsläufig zur Tat. In fast allen Fällen von tatsächlicher sexueller Belästigung spielen neben dem Pornokonsum weitere Faktoren eine Rolle: Oft sind die Täter betrunken, leiden unter Traumatisierungen aus der Kindheit, neigen zu allgemeiner oder sexueller Gewalt, oder sie wach-

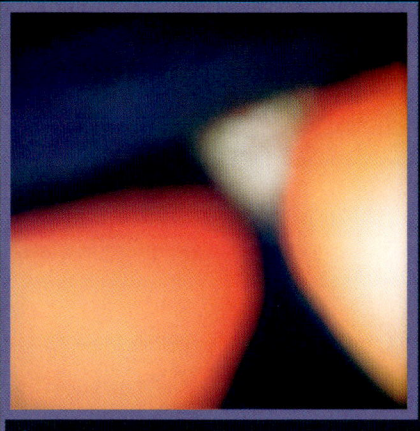

Heute kann ein Teenager seiner Freundin via Webcam dabei zusehen, wie sie sich selbst befriedigt

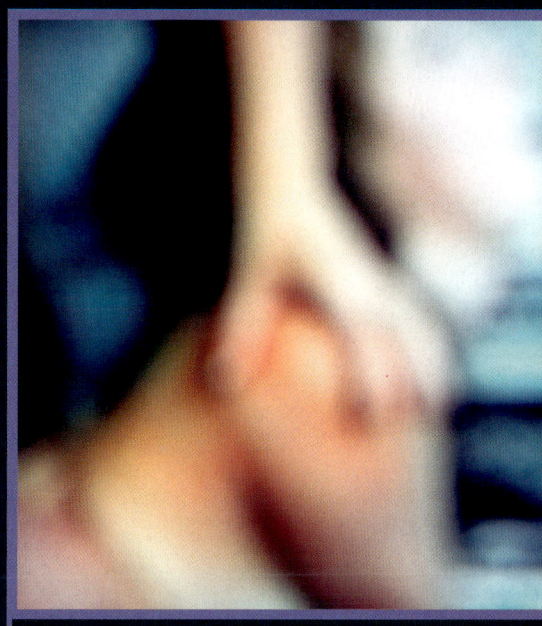

Jungen, die häufig Sexfilme sehen, können sich eher vorstellen, eine Frau zu bedrängen

an deren außergewöhnlich großen Brüsten, der unnatürlich makellosen Haut, den oft künstlich aufgespritzten Lippen.

Viele Mädchen sind, nachdem sie einen Porno gesehen haben, mit ihrem Körper unzufrieden. Manche fühlen sich zusätzlich unter Druck gesetzt, weil sie befürchten, ihre Partner könnten von ihnen verlangen, was in den Filmen gezeigt wird. Tatsächlich will jeder zweite Junge gern ausprobieren, was er gesehen hat.

Wissenschaftler haben zudem herausgefunden: Vor allem die Art der Darstellung von Sexszenen beeinflusst das Verhalten der Jugendlichen, weniger die Pornografie an sich. Seichte Erotikfilme und Softpornos können sogar positiv wirken. Mitunter beru-

Manche Menschen leben in der Anonymität virtueller Bilder ihre Machtfantasien aus

sen in Familien auf, die ihnen weder Halt noch Geborgenheit geben.

Pornofilme bergen jedoch noch eine andere Gefahr: Sie können Jungen so stark in ihren Bann ziehen, dass sie süchtig werden.

Ein Prozent aller Online-Nutzer in den USA sind von den virtuellen Stimuli abhängig, so eine Studie mit mehr als 9000 Teilnehmern. Die Betroffenen verbringen durchschnittlich elf Stunden pro Woche auf Pornoseiten (siehe auch Seite 148).

„Einige Süchtige wehren mit dem Sexkonsum ihre Selbstzweifel und depressiven Stimmungen ab", sagt Hill. „Manche nutzen Pornos, um ein Gefühl der Unterlegenheit in einen Triumph der Lust zu verwandeln."

Die Welt des Internets bedient einen globalen Exhibitionismus – sie erlaubt Erlebnisse ohne Risiko, ohne Kosten

Meist leben Jugendliche ihre Wünsche vorsichtiger aus, als es die Medien glauben machen

Die meisten Abhängigen sind psychisch labil und unsicher. In Beziehungen sind sie zum Teil übermäßig eifersüchtig und verletzlich. Erst in der Anonymität der virtuellen Welt finden diese Menschen einen Raum, Machtfantasien auszuleben.

Dort aber haben Zuneigung und Vertrauen, Romantik und Partnerschaft häufig keinen Platz.

„Liebe ist ohnehin etwas ganz anderes", sagt Denise, 16 Jahre, lange dunkle Haare, braune Augen. Sie besucht ein Wirtschaftsgymnasium im Wendland. „Jungen, die oft Pornofilme schauen und sich ordinär auf dem Schulhof verhalten, sind extrem schüchtern, sobald sie sich verlieben."

Manche trauen sich noch nicht einmal, ihre Freundin zu küssen. Sie haben Angst, etwas falsch zu machen.

Eine Umfrage der Universität Zagreb unter 600 kroatischen Studenten lässt tatsächlich vermuten: Junge Männer und Frauen erleben ihre Beziehungen auch heute noch als intim, haben Vertrauen zu ihrem Partner und sind mit ihrem Sexualleben zufrieden. Selbst die frühe Allgegenwart von Pornofilmen vermag ihre Idealvorstellung von Liebe nicht dauerhaft zu verzerren.

Unsere Sexualkultur, so formuliert es der US-Liebesforscher John H. Gagnon, teilt sich in zwei Welten: in die des realen Sex und die des Fantasierens und Träumens. Das Reich des Symbolischen erlaubt Erlebnisse ohne Gefahren, ohne Kosten, ohne Investitionen. Es verspricht einen Rausch im virtuellen Schein, eine meist kurzfristige Trübung der Sinne.

Und so sind Pornos für die Mehrheit der Heranwachsenden zwar erregende, aber höchst vergängliche Fantasien. Gewalttätigen Sex lehnen die allermeisten einhellig ab.

Während die Welt des Internets einen globalen Exhibitionismus und Voyeurismus bedient, kapselt sich die Welt körperlicher Intimität und realer Partnerschaft oft davon ab.

Jugendliche leben ihre Wünsche daher meist vorsichtiger aus, als es das von den Medien vermittelte Bild vermuten lässt. „Der erste Geschlechtsverkehr findet nach einer längeren Bekanntschaftsdauer statt, eher zu Hause als auf Partys, und Verhütung spielt eine größere Rolle", schreibt die Sozialpsychologin Barbara Krahé über die sexuellen Skripte.

Die Jungen in ihrer Klasse, sagt Denise, erzählen ihren Kumpels niemals, wie der Sex mit der Freundin sei. Sie sprechen auch nicht heimlich untereinander darüber. Sie wüssten, dass ihre Freundinnen sonst wütend wären. Und dann müssten sie sich rechtfertigen. „Lieber weichen sie aus oder machen irgendwelche dummen Sprüche, um vor ihren Kumpels anzugeben."

Denn schließlich, so sagten es ihr die Jungen, ginge es niemanden etwas an, wie sie den Sex mit ihrer Freundin erlebten. □

Dirk Liesemer, 32, ist Wissenschaftsjournalist in Münster. In seiner Arbeit „Eros Plastiques" hat der Fotokünstler **Olivier Coulange**, Jahrgang 1962, Szenen aus kommerziellen Pornofilmen verfremdet. Mit bewusst eingesetzter Unschärfe spielt der Franzose mit den Erwartungen und der Fantasie des Betrachters. Wissenschaftliche Beratung: **PD Dr. Andreas Hill**, Arzt für Psychiatrie und Psychotherapie in Hamburg.

Frauen spüren instinktiv, welcher Mann zu ihnen passt, haben
Forscher herausgefunden. Bei der Entscheidung hilft vor allem ein
Sinnesorgan: die Nase. Denn männlicher Schweiß, salzige Tränen
oder der Duft maskuliner Haut verströmen verborgene Informationen,
etwa über das Immunsystem des potenziellen Partners, die Eigenschaften seines Erbguts – und seine Qualitäten als Vater

Partnerwahl

Der Duft der Verführung

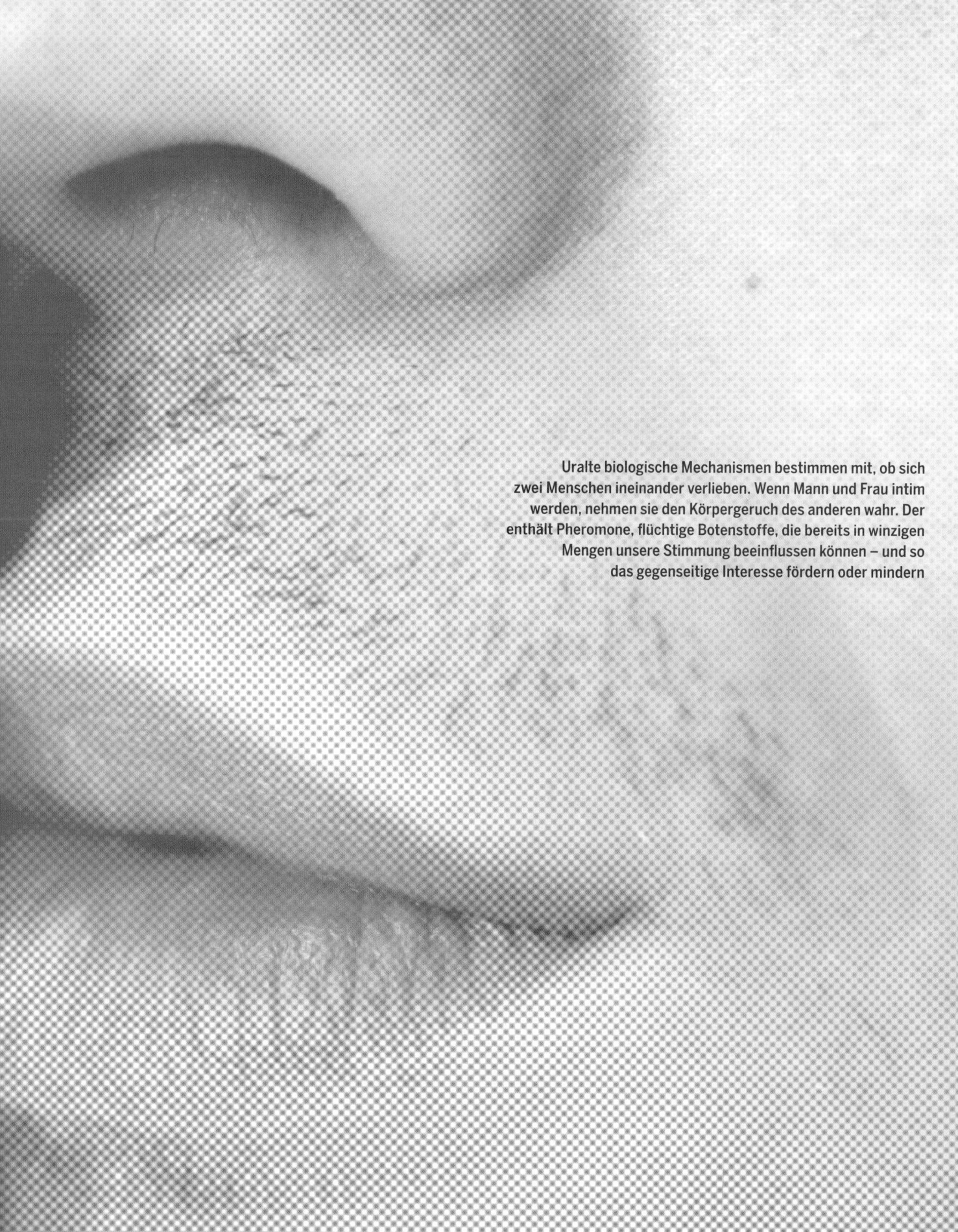

Uralte biologische Mechanismen bestimmen mit, ob sich zwei Menschen ineinander verlieben. Wenn Mann und Frau intim werden, nehmen sie den Körpergeruch des anderen wahr. Der enthält Pheromone, flüchtige Botenstoffe, die bereits in winzigen Mengen unsere Stimmung beeinflussen können – und so das gegenseitige Interesse fördern oder mindern

Text: Jens Schröder

fast drei Minuten lang ziert sich die Probandin mit der Nummer 55141-14, inspiziert die Sperrholzwände ihres Geheges, klettert auf den bereitgestellten Stein, beobachtet.

Zugegeben, die Situation ist nicht gerade natürlich und daher verwirrend: Zwei Rattenmännchen warten im hinteren Teil des Versuchsaufbaus auf Gesellschaft, gekleidet in Mini-Jeansjacken, an denen eine Schnur ihren Bewegungsradius beschränkt.

Es geht um Damenwahl. In Reinform.

Schon nach drei Minuten beginnt die Probandin die ungewohnte Freiheit zu genießen. Ihre Wahl fällt spontan auf beide Männchen. Und die Biologin Ewurama Shaw-Taylor kommt mit dem Codieren des zweistündigen Experiments kaum nach, tippt in schneller Folge die Buchstaben „p" für „proximal" (angenähert) oder „m" für „mount" (besteigen) in ihre Computertastatur.

Dann, endlich, zieht sich das Weibchen zu einer Verschnaufpause zurück. Ein sicheres Zeichen für ein „e" – eine Ejakulation hat stattgefunden.

Elf weitere werden folgen.

Dass die Rättin dabei nicht bloß aus Lust und Laune entscheidet, zeigt die Auswertung der Versuchsreihe im „Institute for Mind and Biology" an der Universität von Chicago: Alle Männchen im Angebot sind genetisch identisch bis auf wenige Gene ihres MHC (Major Histocompatibility Complex). Einer Erbsequenz, die unter anderem für die Erkennung von Krankheitserregern zuständig ist.

Je mehr dieser Immungene der Männchen mit denen des Weibchens übereinstimmen, desto größer ist die Wahrscheinlichkeit, dass die beiden Ratten nahe miteinander verwandt sind.

Es sind nur feine Unterschiede im Erbgut, doch weibliche Ratten vermögen die winzigen Variationen der Immungene am Körpergeruch eines Männchens zu erkennen – und präsentieren sich weitaus öfter denjenigen Partnern, deren Immungene stärker von den eigenen abweichen.

„Eine Vorliebe", so erklärt Institutsleiterin Martha McClintock, „die hilft, Inzucht zu vermeiden."

Dass die Tiere eher den Sexpartner mit unähnlichem Abwehrsystem aufregend finden, zahle sich für den Nachwuchs doppelt aus: „Wenn sich die Immungene von Vater und Mutter unterscheiden, erben die Kinder Immunkompetenz von beiden – und bekommen dadurch mehr Erreger in den Griff."

Ein komplexer Zusammenhang. Aber die Probandin 55141-14 hat ihn instinktiv berücksichtigt. Jenes Männchen, dessen MHC-Region acht Gen-Differenzen zu ihrer eigenen aufwies, brachte es auf knapp doppelt so viele „e" wie sein Nebenbuhler, der mit nur sechs Unterschieden stärker nach Inzucht roch. Eine präzise Partnerprüfung, deren genaue Mechanismen die Forscher in Chicago ergründen wollen.

Für einige der längst wackeligen alten Thesen der Evolutionsbiologen ist die Geschichte vom Geruch der Gene eine neuerliche Erschütterung.

DENN MEHR ALS 100 JAHRE lang glaubten die meisten Forscher, dass sie den Mechanismus der Partnerwahl bei Mensch und Tier durchschaut hätten: Männer, die mit geringem Aufwand Millionen Spermien produzieren, ließen nichts anbrennen. Die natürliche Selektion habe sie zum Casanova-Verhalten verdammt, weil Promiskuität ihre Chancen auf Nachwuchs maximiere.

Frauen dagegen, die nur in Abständen fruchtbar werden und viel Energie und Zeit für Schwangerschaft, Geburt und Brutpflege investieren müssen, sind diesem Denkmodell zufolge sexuell eher passiv – und wenn überhaupt, dann an Klasse statt Masse interessiert.

Menschen können einzelne Gene im **Erbgut** *des Partners erschnüffeln*

Die Vermutung, dass auch weibliche Wesen gezielte Fortpflanzungsstrategien entwickelt haben, setzte sich erst durch, nachdem der US-Forscher Robert Trivers die Entwicklung der Arten aus einer völlig neuen Perspektive beleuchtete.

Ausgerechnet in einem Jubiläumsband zum Gedenken an Darwins Werk „Die Abstammung des Menschen" wagte der Biologe diese kühne These – und begründete eine neue Forschungsrichtung, die der „Female Choice".

Eine Initialzündung: Seither haben die Forscher überall auf der Welt Beispiele gefunden für wähle-

Kurz vor dem Eisprung finden Frauen den intensiven Geruch von männlichem Schweiß am angenehmsten

rische Frauen auf der Suche nach guten Vätern, guten Genen oder anderen Vorteilen für ihren Nachwuchs.

Sie berichteten, dass Schwalbenweibchen Bewerbern mit kurzen Schwänzen den Laufpass geben – offenbar, weil diese nachweislich öfter von Parasiten befallen sind.

Sie begriffen, wann weibliche Spatzen ihre gut dokumentierte Vorliebe für große schwarze Lätzchen am männlichen Hals aufgeben – nämlich, wenn die Zeiten härter geworden und statt schöner Hälse eher treusorgende Väter gefragt sind.

Und in Gruppen von Grünen Meerkatzen stellten Affenforscher fest, dass die Männchen oft ruppig mit dem Nachwuchs umgehen – es sei denn, die Affenmutter ist in der Nähe: Dann spielen sie für die Kleinen den netten Onkel, weil sie hoffen, sich damit als hilfsbereite und fürsorgliche Väter zu empfehlen und bei der nächsten Paarung zum Zuge zu kommen.

„Damenwahl", das bestreitet heute kaum noch ein Forscher, wiegt für die Evolution schwerer als alle Hahnenkämpfe. Dass dies so spät erkannt wurde, mag auch daran liegen, dass Frauen oft erst im Uterus – und damit unsichtbar – ihre Wahl treffen.

„Rättinnen etwa", sagt Martha McClintock, „kopulieren oft nacheinander mit allen Männchen ihrer Gruppe, wobei das Sperma des aktuellen Liebhabers immer das des Vorgängers verdrängt."

Es sei denn, sie sind an einen Traumpartner geraten. Einen, der sich in der Gruppe hervorgetan hat, dessen postkoitaler Gesang auf besondere Fitness schließen lässt oder dessen Immunsystem womöglich verführerisch anders riecht: „Dann lässt die Rättin mehr Zeit verstreichen, bevor sie sich dem nächsten zuwendet – und gibt den Spermien des Auserwählten eine Chance, sich zur Eizelle vorzukämpfen."

Partnerwahl, erklärt Martha McClintock, sei die wichtigste Entscheidung im Leben einer Ratte mit einer Lebenserwartung von maximal zwei Jahren. „Und im Verlauf der Evolution haben sich Sicherheitssysteme herausgebildet, damit diese Entscheidung nicht danebengeht."

Das Gleiche gilt für den Menschen, auch wenn wir uns ungern eingestehen, dass uralte biologische

Mechanismen beeinflussen, in wen wir uns verlieben. Männer, das lässt eine Studie vermuten, bevorzugen wohl deshalb junge Partnerinnen, weil Jugend meist mit höherer Fruchtbarkeit einhergeht.

Dass es Frauen dagegen oft zu reiferen Partnern mit hohem Status und dicker Geldbörse (oder einem Traumwagen wie, sagen wir, dem Aston Martin DB 4 GT, Baujahr 1963) zieht, entspricht dem Wunsch nach einem zuverlässigen Versorger für den Nachwuchs – und ist ebenfalls nicht weiter überraschend.

Spektakulär waren dagegen die Ergebnisse einer britisch-japanischen Studie, der zufolge der weibliche Sinn für männliche Schönheit mit dem Menstruationszyklus schwankt: In jenem Zeitabschnitt des Eisprungs, in dem die Möglichkeit einer Empfängnis am größten war, fanden die Probandinnen Männer mit kantigen, maskulinen Gesichtszügen attraktiv – also mit Merkmalen einer starken Konstitution, die es für den Nachwuchs zu sichern galt.

War eine Empfängnis unwahrscheinlich, fühlten sich die Befragten eher zu Partnern mit weicheren Mienen hingezogen – in denen sie unbewusst die fürsorglicheren Erziehungshelfer vermuteten.

Eltern vererben mitunter ihre **Vorliebe** *für einen bestimmten Partner an die Kinder*

Im Verlauf der Evolution kann diese Doppelstrategie es den Frauen immer wieder erlaubt haben, die Vorteile polygamer Beziehungen zu nutzen.

Und für den Fall, dass einmal keine Zeit zur ausführlichen Prüfung möglicher Partner sein sollte, können Frauen zumindest von den Erkenntnissen anderer profitieren: Nachweislich steigt in den Augen einer Frau die Attraktivität eines Mannes, wenn sich bereits andere Geschlechtsgenossinnen für ihn interessieren – ein Verhalten, das nicht nur bei Menschen, sondern auch bei Guppys nachgewiesen wurde.

„Umwerfend ist aber die Erkenntnis, dass auch Menschen Unterschiede im MHC bis auf ein einziges Gen erschnüffeln können – und wie sich das nachweisbar auf die Partnerwahl auswirkt", so Martha McClintock. „Das hätte bis vor Kurzem kaum jemand unserem angeblich so verkümmerten Geruchssinn zugetraut."

WAS WIE EINE ABENTEUERLICHE Spekulation klingt, ist tatsächlich mehrfach wissenschaftlich belegt. So hat der Schweizer Verhaltensforscher Claus Wedekind junge Frauen an T-Shirts schnüffeln lassen, in denen männliche Duftspender zuvor zwei Nächte lang geschlafen hatten. Das Ergebnis entsprach dem des Rattenversuchs: je unterschiedlicher die MHC-Gene, desto attraktiver die Ausdünstungen.

Nur Frauen, die mit der Pille verhüteten, zeigten die umgekehrte Präferenz – ein weiteres Indiz für die weibliche Doppelstrategie: Der Erzeuger der eigenen Kinder soll mit einem guten, möglichst unterschiedlichen Abwehrsystem ausgestattet sein, damit die Nachkommen besonders viele Krankheitserreger abzuwehren vermögen. Nach der Zeugung – und diesen Zustand simuliert ja die hormonelle Empfängnisverhütung – ist dagegen der eigene Stallgeruch gefragt. Denn von Familienmitgliedern kann man Hilfe bei Geburt und Erziehung erwarten.

„Viele wollten zunächst nicht glauben, dass solche biologischen Zusammenhänge unser Gefühl von Zuneigung beeinflussen", sagt Martha McClintock.

Doch wie konkret sich die MHC-Vorlieben auf die Partnerwahl auswirken, hat eine Kollegin, die Humangenetikerin Carole Ober, an den Hutterern studiert, einer abgeschiedenen Religionsgemeinschaft in den USA, deren Angehörige nicht außerhalb ihrer Gruppe heiraten und daher ein höheres Inzuchtrisiko in Kauf nehmen.

Als die Forscher 411 Hutterer-Ehepaare anhand ihrer MHC-Gene verglichen, trauten sie fast ihren Daten nicht. Die Immungene der jeweiligen Ehepartner unterschieden sich in der Regel viel deutlicher, als es bei einer zufälligen Partnerwahl aus begrenztem Angebot der Fall gewesen wäre.

Vermutlich konnten sich die Menschen mit unterschiedlichen Immungenen einfach besser riechen und beugten so unbewusst der Inzucht vor.

DASS DER MECHANISMUS der MHC-Präferenz noch weit komplexer ist, stellte Martha McClintock mit ihrer Kollegin Suma Jacob in einer weiteren Studie fest.

Diesmal nahmen unverheiratete Hutterer-Frauen daran teil – und die T-Shirts wurden von Männern aus völlig anderen Kulturkreisen verschwitzt, etwa indischen Sikhs und aschkenasischen Juden.

Was würde wohl geschehen, wenn sich die MHC-Gene von Schwitzer und Riecherin derart stark voneinander unterschieden?

Die Antwort: In diesem Fall tendierten die Probandinnen zu den T-Shirts jener Männer, die zumindest einige MHC-Gene mit ihnen gemein hatten.

„Offenbar", so Martha McClintock, „kann sich die genetische Grundausstattung eines Partners auch zu stark von der eigenen unterscheiden."

Der männliche Duftstoff Androstadienon, ein Abbauprodukt des Sexualhormons Testosteron, wirkt auf Frauen anregend

Wenn sich eine Gruppe über Jahrtausende hinweg an einen bestimmten Lebensraum angepasst und eine Selektion hinter sich hat, soll diese Errungenschaft wohl nicht durch gänzlich fremde Partner gefährdet werden. „Gefragt ist also ein Mittelweg, der einige neue Gene in die Familie holt, aber nicht zu viele."

Begeistert waren die Forscher aus Chicago auch über ein weiteres Ergebnis ihrer Studie: Diejenigen Immungene, die sämtliche Probandinnen bei anderen Menschen gern riechen mochten, gehörten stets zu jenem Teil ihres MHC, den sie von ihrem Vater geerbt

hatten. Müssen Partner und Freunde also tatsächlich wie Daddy riechen?

„Das", sagt Martha McClintock, „ist eine vorschnelle Schlussfolgerung, die unsere Daten nicht belegen." Die genauen Zusammenhänge haben Forscher noch nicht enträtselt.

Fest steht aber, dass mit diesem Versuch der erste wissenschaftliche Beleg für eine eindeutig vererbbare Vorliebe gelungen ist – und das ausgerechnet in der Frage der Partnerpräferenz.

Kaum erforscht ist bislang, wie unser Körper diese geheimnisvollen Signale unserer Mitmenschen verarbeitet. Martha McClintock: „Da der Prozess unbewusst abläuft, wird er möglicherweise von Pheromonen ausgelöst."

ALS PHEROMONE, lange vornehmlich im Tierreich erforscht, bezeichnet man chemische Botenstoffe in den Körperflüssigkeiten. Sie sind flüchtig, gelangen als Gase in die Luft und können so von einem Artgenossen über die Nase aufgenommen werden.

Dessen Geruchssystem vermag die wirksamen Substanzen wie molekulare Codes zu entschlüsseln. Mitunter lösen sie dann bestimmte Verhaltensweisen aus. Als heimliche Werkzeuge unserer Physis mischen sie sich in soziale Beziehungen ein.

Über die Nase können flüchtige

Botenstoffe

Hirnfunktionen beeinflussen, ohne dass es uns bewusst wird

„Solche Stoffe wirken schon in geringen Konzentrationen", erklärt Martha McClintock. Ein paar Hautschuppen, ein Zehnteltropfen Blut, Schweiß oder Tränen, übertragen bei einem Händedruck, können genügen. Der Signalempfänger müsse dabei nicht einmal einen Geruch wahrnehmen.

Die Botenstoffe könnten über die Nase direkt die Gehirnfunktionen verändern – ohne dass die Erregung dabei den Thalamus passiert, jenen Teil des Gehirns, der Sinneseindrücke ins Bewusstsein weiterleitet.

Wie Versuche in Martha McClintocks Labor gezeigt haben, sind solche Pheromone dafür verantwortlich, dass sich bei Frauen in einer Hausgemeinschaft die Zyklen oft wie von Zauberhand synchronisieren.

Ein anderes Pheromon, Androstadienon, umhüllt den männlichen Körper wie eine unbewusst wahrnehmbare Duftwolke. Es ist eine flüchtige Signalsubstanz, die dafür sorgt, dass Frauen die Nähe eines Fremden eher zulassen – und erleichtert dadurch weitere Analysen seiner Partnerqualitäten.

„Natürlich darf man sich das nicht als simplen Auslöse-Mechanismus wie etwa bei Insekten vorstellen", sagt Martha McClintock. „Menschen sind komplizierter als Motten: Wir machen vieles, was sich nicht durch Wenn-dann-Erklärungen erschließt."

Für Pheromone bleibe demnach nur ein eher subtiler Wirkungsweg: „Sie modulieren unsere Stimmung, setzen einen emotionalen Grundton, der beeinflusst, wie wir unsere Erlebnisse interpretieren. Und offenbar schaffen sie es sogar, dass wir in der Gesellschaft eines MHC-kompatiblen Menschen einfach schneller auftauen – und das kann ja schon genügen."

Ziemlich kompliziert. Aber so sind wir Menschen eben.

Tiere nutzen oft direktere Wege, um Immunsystem und Fitness ihrer Artgenossen zu bewerten. Etwa anhand des „Handicap-Prinzips", mit dem die Biologen Amotz und Avishag Zahavi vor einigen Jahren eine Lücke in der Darwin'schen Theorie geschlossen haben.

Das israelische Ehepaar versuchte zu erklären, weshalb männliche Tiere vieler Spezies in direktem Widerspruch zu Darwins Fitness-Theorie Extravaganzen in Aussehen und Verhalten entwickelt haben, die ihnen womöglich schaden.

Die schlichte Antwort: Weil sie es sich leisten können, damit anzugeben (siehe auch Seite 26). Und weil genau das bei den Frauen zieht.

Ein Singvogel, der einen Großteil des Tages verträllert, übermittelt die Nachricht, dass er sich um die Nahrungssuche locker zwischendurch kümmern kann. Bei den Meisen haben die attraktivsten Gesänge zudem so viele komplizierte Silben, dass nur Männchen mit hoher Konzentrationsfähigkeit sie über längere Zeit zustande bringen. Dass die Vögel mit dem brillanten Gezwitscher auch Feinde auf sich aufmerksam machen, so die Botschaft, ist ihnen gleichgültig, damit kommen sie schon klar.

Noch handfester ist das Handicap, mit dem See-Elefanten für ihre Gene werben: Ihre unförmigen Rüssel gefallen den Weibchen. Doch je größer das nutzlose Statussymbol, desto mehr schränkt es das Blickfeld der Bullen ein und stört beim Kampf mit Rivalen. Wer dennoch siegt, hat die Damen umso mehr beeindruckt.

Männliche Guppys punkten sogar mit tollkühnem Wagemut: Wenn Raubfische sich dem Schwarm nähern, schwimmen die kecksten Guppymänner ganz nah an die Feinde heran, um – im Vertrauen auf die eigene Fluchtreaktion – als sexy Draufgänger zum Traum aller zuschauenden Guppyweibchen zu werden.

Auch die Gegenprobe funktioniert: Sind keine Frauen im Publikum, ergreifen die eben noch Todesmutigen gleich die Flucht. Eine erbärmliche Vorstellung.

Zur Ehrenrettung der Männer aller Arten sei aber darauf hingewiesen, dass mit Sicherheit auch sie subtile Kriterien haben, nach denen sie ihre Partnerinnen auswählen. Die allerdings sind bislang noch nicht aufgedeckt worden. □

MEMO | PARTNERWAHL

⫸ FRÜHER GLAUBTEN BIOLOGEN, dass nur die Männchen ihre Sexualpartner aussuchen.

⫸ HEUTE WISSEN FORSCHER: Eine größere Rolle spielt, für welchen Partner sich das weibliche Geschlecht entscheidet.

⫸ FRAUEN KÖNNEN dem Duft entnehmen, ob ein Mann für sie der Richtige ist.

Jens Schröder, 36, ist Geschäftsführender Redakteur bei GEO.

Aktiver Schutz für die Umwelt – Sie können dabei sein!

Mit Ihrem Anruf spenden Sie
einen Baum in Ecuador!

GEO Abonnenten haben bereits über 20.000 Bäume gespendet!

Und wir möchten noch mehr erreichen – mit einer Aktion im Rahmen des Projektes „GEO schützt den Regenwald":

Für jeden Anrufer pflanzt GEO einen Baum in den Schulgärten der Region Intaq in Ecuador!

Die Regenwälder in der Region Intaq in Ecuador sind bedroht durch Bergbau, Landwirtschaft und Erosion.

- In Zusammenarbeit mit Baumschulen werden in Intaq Bäume in den Schulkindergärten gepflanzt.
- So sollen schon Kinder für die Umwelt sensibilisiert und zur Verantwortung für die Natur erzogen werden.
- GEO unterstützt die Schulen: Für jeden Anruf pflanzen wir in einem Schulgarten ein Bäumchen!

Rosenzweig & Schwarz, Hamburg

1 Baum für den Regenwald! Jeder Anrufer zählt!

GEO SCHÜTZT DEN REGENWALD e.V.

Rufen Sie jetzt kostenlos an:

0800/5 92 92 96

Mo.–Fr. von 9:00–20:00 Uhr, Sa. von 10:00–15:00 Uhr.
Weitere Projektinformationen und Angebote erhalten Sie auf Wunsch gerne am Telefon.

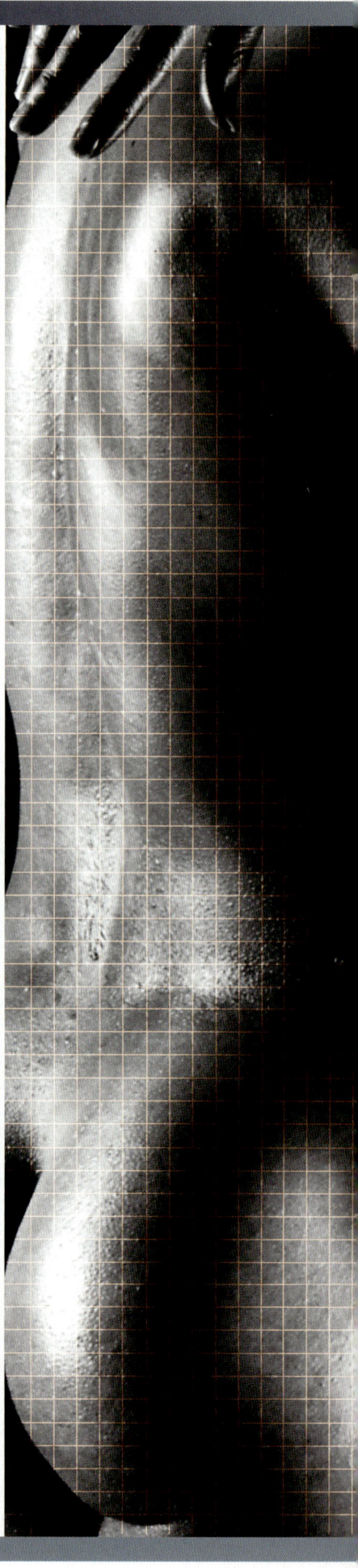

Texte: Henning Engeln, Bertram Weiß, Sebastian Witte

Der kleine Unterschied

Männer fühlen sich nach dem Sex schläfrig, Frauen
sind hellwach. Männer sehnen sich nach mehr als
60 Liebhaberinnen im Leben, Frauen nach drei
bis vier Partnern. Männer bleiben bis ins hohe Alter
fruchtbar, Frauen kommen in die Wechseljahre.
Oft sind es nur geringste Mengen an körpereigenen
Botenstoffen, die Lust und Begehren, Erregung
und Höhepunkte bestimmen und die Geschlechter
so unterschiedlich empfinden lassen

DOSSIER ENTWICKLUNG:
Wie ein einziges Gen über unser Geschlecht entscheidet

DOSSIER LIBIDO:
Weshalb Männer viel öfter an Sex denken als Frauen

DOSSIER KÖRPERCHEMIE:
Welche molekularen Botenstoffe unsere Sexualität steuern

DOSSIER ORGASMUS:
Warum Frauen den Höhepunkt anders erleben als Männer

Bis zur siebten
Schwangerschafts-
woche sehen alle
Menschen gleich aus.
Dann entwickeln
sich die Genitalien.
Jahre später – in der
Pubertät – reifen
unter dem Einfluss von
Hormonen weitere
Geschlechtsmerk-
male heran – Frauen
wachsen Brüste,
bei Männern
nimmt die Mus-
kelmasse zu

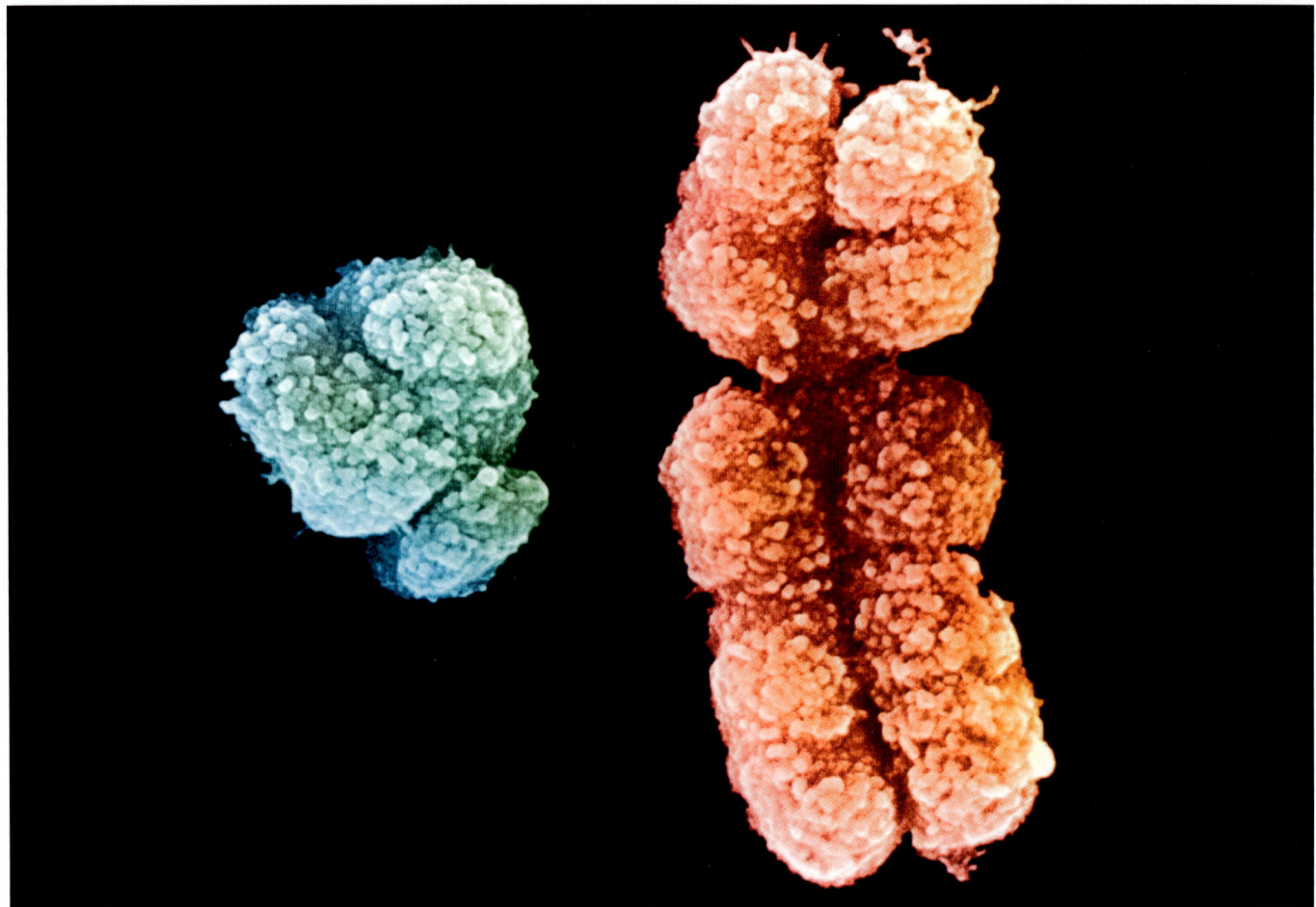

Y- und X-Chromosomen: Aus dieser Kombination von Erbgutbündeln wird ein Mann, denn Frauen haben nur X-Chromosomen

Am Anfang sind sie alle gleich

Nach der Befruchtung lenken fein abgestimmte Regeln die menschliche Entwicklung – in Richtung Mann oder Frau

Ein Experiment brachte 1990 den Beweis: Nur ein einziges Gen entscheidet über unser Geschlecht.

Londoner Forscher hatten Kopien jenes Gens in weibliche Mäuse-Embryos injiziert. Daraufhin entwickelten sich Tiere mit der Anatomie eines Männchens. Und weil das Prinzip bei Mäusen wie Menschen gleich ist, trifft das auch auf *Homo sapiens* zu.

Das Gen wurde „SRY" genannt und befindet sich auf dem männlichen Geschlechts-Chromosom. Schon bei der Zeugung wird es dem zukünftigen Kind mitgegeben und legt dessen Geschlecht fest. Sechs Wochen aber verharrt es in einer Art Schlummerzustand – so lange kann aus dem Embryo ein Mädchen wie ein Junge werden. Er trägt die Anlagen

für beide Körperformen in sich. Erst das SRY-Gen bewirkt, dass ein Junge heranwächst. Zu Beginn der siebten Woche initiiert es die Bildung eines bestimmten Eiweißes. Das wiederum aktiviert weitere Gene und löst Vorgänge aus, die den noch geschlechtslosen Körper zu einem Jungen formen.

So differenzieren sich die Urgeschlechtszellen, die sich zu-

Ein wichtiger Stoff für das Heranreifen eines Fetus ist das Testosteron. Dieses Hormon orchestriert die Ausbildung der männlichen Genitalien

nächst zwischen dem Darmrohr und einer leistenartigen Verdickung gesammelt haben, zusammen mit umgebendem Gewebe zu den embryonalen Hoden.

Bestimmte Zellen in ihnen beginnen dann, einen für die weitere Geschlechtsentwicklung enorm

Ein einziges Gen entscheidet über unser Geschlecht

wichtigen Stoff zu produzieren: das männliche Geschlechtshormon Testosteron. Unter seinem Einfluss wächst eine besondere, schlauchförmige Struktur (die Wolff'schen Gänge) unter anderem zum Samenleiter heran.

Andere Zellen in den embryonalen Hoden wiederum schütten

GEOkompakt: *Herr Professor Stalla, Transsexuelle fühlen sich, als steckten sie im falschen Körper. Es sind also Männer, die lieber eine Frau wären, und umgekehrt. Gibt es dafür biologische Ursachen?*

Günter Stalla: Wir haben einige Anhaltspunkte gefunden. Ein bestimmter Hirnkern scheint bei transsexuellen Männern, die Frauen werden möchten, eher dem einer biologischen Frau zu entsprechen. Oder das Längenverhältnis zwischen Zeige- und Ringfinger – das unterscheidet sich zwischen Männern und Frauen ein wenig, vermutlich wegen des männlichen Sexualhormons Testosteron: Bei transsexuellen Männern gleicht es häufig dem einer biologischen Frau.

Prof. Günter Stalla forscht am Max-Planck-Institut für Psychiatrie in München

Wie häufig kommt Transsexualität vor?

In Deutschland gibt es etwa 10 000 bis 20 000 Betroffene, aber es mag eine große Dunkelziffer geben. In den westlichen Industrieländern wird die Mann-zu-Frau-Transsexualität doppelt so häufig diagnostiziert wie der umgekehrte Fall.

Wann ist eine operative Geschlechtsumwandlung sinnvoll?

Zunächst muss ein Psychiater dem Betroffenen bescheinigen, dass er eine Geschlechts-Identitätsstörung hat. Danach erfolgt eine Psychotherapie, auch mit der Frage, ob der operative und hormonelle Weg der einzig richtige ist. Dann erwartet der Gesetzgeber noch ein zweites, unabhängiges Gutachten. Als Nächstes erfolgt der Alltagstest, ob der Patient etwa mit der gegengeschlechtlichen Kleidung

lebt. Parallel dazu dokumentiert ein Hormonspezialist, dass der Betroffene genetisch, hormonell und phänotypisch ein normaler biologischer Mann oder eine normale biologische Frau ist.

Wie gehen die Ärzte dann vor?

Zunächst kommt es zu einer Hormonbehandlung. Dabei geben wir einem Mann weibliche Sexualhormone sowie Anti-Androgene, die das männliche Sexualhormon in der Wirkung behindern, gleichzeitig in der Hirnanhangdrüse die Regulation der männlichen Sexualhormone unterdrücken. Frauen geben wir das männliche Sexualhormon in etwas höherer Dosierung; es unterdrückt innerhalb von zwei Monaten den weiblichen Zyklus. Nebeneffekte sind etwa verstärkte Körperbehaarung und Veränderungen der Stimmlage. Bei beiden ändert sich die Körperkomposition. Frauen etwa werden muskulöser, Männer bekommen eine Gynäkomastie (weibliche Brustentwicklung).

Und dann kommt es zu einer Operation?

Die Mann-zu-Frau-Operation ist technisch leichter als die Umwandlung von einer Frau zum Mann, vor allem wenn ein künstlicher Penis aufgebaut werden soll.

Gibt es Fälle, wo Transsexuelle die Operation später bereuen?

Mir selbst ist nur ein Fall bekannt, bei dem eine Rückumwandlung angestrebt wird. Entscheidend ist die sorgfältige Indikationsstellung vor Einleitung der verschiedenen Therapieschritte.

---

ein Hormon aus, das eine zweite schlauchförmige Struktur (die Müller'schen Gänge) verkümmern lässt. Aus ihnen bilden sich bei Frauen die Eileiter.

Nun fehlen nur noch die äußeren Geschlechtsorgane.

Auch die sehen am Anfang der siebten Woche noch bei allen Embryos gleich aus und bestehen

aus Geschlechtshöcker, -falten und -wülsten. Unter dem Einfluss von Testosteron wird nun aus dem Höcker die Eichel des Penis, die Geschlechtsfalten wachsen zusammen und bilden Harnröhre sowie Schwellkörper des männlichen Geschlechtsorgans, und die Genitalwülste formen den Hodensack.

Wenn allerdings kein männliches Chromosom vorhanden ist und kein SRY-Gen als Auslöser auftritt, läuft eine andere Entwicklung ab: Der Embryo wird weiblich. Der potenzielle Samenleiter verkümmert, stattdessen reifen die Müller'schen Gänge zu Eileiter und Gebärmutter heran. Und die Urgeschlechtszellen werden, zusammen mit umgebendem Gewebe, zu Eierstöcken.

Bleibt die Wirkung des Testosterons aus, werden auch die äußeren Geschlechtsorgane weiblich: Aus dem Geschlechtshöcker entwickelt sich die Klitoris, Geschlechtsfalten und -wülste entfalten sich zu den Kleinen und Großen Schamlippen.

Mit diesen äußeren Unterschieden werden die Babys geboren. Erst in der Pubertät initiieren Hormone einen erneuten Wandel: Angestoßen von Botenstoffen aus dem Gehirn, wird beim Jungen die Testosteron-Produktion angekurbelt. Als Folge vergrößern sich Penis und Hoden, die Muskelmasse nimmt zu, sekundäre Geschlechtsmerkmale – Schamhaare, Bartwuchs – erscheinen.

Beim Mädchen agieren die weiblichen Geschlechtshormone, die Östrogene. Sie lassen die Brüste wachsen, Schamhaare sprießen

Das dritte Geschlecht

Intersexuelle tragen das Erbgut eines Mannes oder einer Frau in sich, sehen aber oft aus wie das jeweils andere Geschlecht – sie haben etwa neben einer Vagina eine penisähnliche Klitoris. Eine Studie zeigt: Nicht das „Anderssein" belastet die Betroffenen, sondern die oft leidvollen medizinischen Behandlungen in der Kindheit. Manche fordern daher, Zwitter zu akzeptieren, statt sie zu operieren.

und lösen die erste Monatsblutung aus.

Weil die Entwicklung am Anfang offen ist, kann sie auch schiefgehen. Dann wachsen zum Beispiel Menschen heran, die Eierstock- wie auch Hodengewebe besitzen und deren äußere Geschlechtsorgane männliche und weibliche Merkmale kombinieren.

In der griechischen Antike wurden solchen Hermaphroditen magische Kräfte zugesprochen: Denn sie verkörperten die vollkommene Verschmelzung des Männlichen mit dem Weiblichen. □

DIE ENTSTEHUNG DER GENITALIEN

Bei allen Embryos sehen die äußeren Geschlechtsorgane bis zur siebten Schwangerschaftswoche gleich aus: Sie bestehen aus Geschlechtshöcker (1), -falten (2) und -wülsten (3). Der Spalt (4) zwischen ihnen wird von einer feinen Membran verschlossen. Erst später unterscheiden sie sich: Bei männlichen Feten entwickelt sich die Spitze des Höckers allmählich zur Eichel (5), die Wülste werden zu Hoden (6), die Genitalfalten bilden die Schwellkörper (7) des Penis und die Harnröhre. Bei weiblichen Feten verwandelt sich der Geschlechtshöcker dagegen zur Klitoris (8). Die Geschlechtsfalten bilden die Kleinen Schamlippen (9), die Wülste die Großen (10).

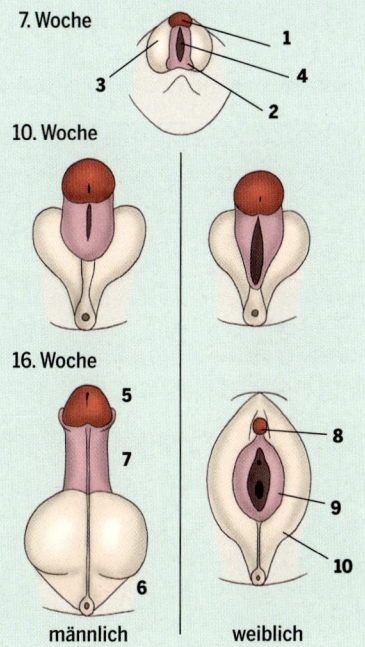

7. Woche
10. Woche
16. Woche
männlich | weiblich

Freizügige Partys wie hier in Panama City (USA) wecken die Lust von Männern: Jeder Zweite denkt täglich an Sex

Das Geheimnis der Wollust

Warum sich Männer und Frauen unterschiedlich stark nach körperlicher Liebe sehnen

Was will das Weib?", schrieb Sigmund Freud einst ratlos an eine Freundin. Die sexuelle Lust der Frau war für den Psychoanalytiker ein Mysterium, ein „dunkler Kontinent".

Als einer der ersten Forscher versuchte Freud, das triebhafte Verlangen nach Sex zu ergründen: die Libido. Doch schließlich emp-

Vermutlich wird eine starke Libido vererbt

fahl er 1933 seinen Zeitgenossen, auf die Wissenschaft der Zukunft zu hoffen. Tatsächlich finden Forscher heute, mehr als 70 Jahre später, immer weitere Details über die Sehnsucht nach körperlicher Liebe heraus. Und entdecken, wie

sich die Lust von Mann und Frau voneinander unterscheidet.

Wenn Frauen etwa einen Pornofilm anschen, schauen sie auf weibliche und männliche Darsteller gleichermaßen. Heterosexuelle Männer dagegen fokussieren ihre Blicke überwiegend auf die weiblichen Akteure. Lässt sich die Libido der Frau also von vielfältigeren Reizen wecken als die des Mannes?

In einem Experiment versuchte die Psychologin Meredith Chivers diese Frage zu beantworten: Sie stattete männliche Probanden mit einem Penisring aus, der den Phallusumfang misst; Frauen führte sie eine Art Tampon aus Acryl in die Vagina. Das Gerät protokolliert mit kurzen Lichtblitzen deren Durchblutung – ein Maß für den physiologischen

Erregungszustand. Anschließend zeigte Meredith Chivers den Versuchsteilnehmern Filme und

Bilder von nackten Athletinnen, Muskelmännern und Liebespaaren beim Sex.

Die Männer reagierten je nach Präferenz: Heterosexuelle waren erregt, wenn sie Sex zwischen Mann und Frau sahen; Schwule stimulierte der Anblick zweier Männer, die sich liebten.

Im Gegensatz dazu erwiderten heterosexuelle Frauen die Reize viel flexibler. Unabhängig davon, welche sexuelle Vorliebe sie selbst angaben, maßen die Instrumente körperliche Reaktionen bei Aufnahmen schwuler wie lesbischer Paare, bei heterosexuellen Liebesspielen wie bei Masturbationen von Männern wie Frauen. Selbst der Anblick kopulierender Affen regte die Probandinnen an.

Die Frauen stimulierte vor allem der Akt an sich, die Männer dagegen der jeweils begehrte Körper. Das männliche Verlangen scheint also weniger variabel als das weibliche. Doch es ist weitaus stärker: Mehr als die Hälfte aller Männer denkt jeden Tag an Sex – aber nur jede fünfte Frau.

Männer masturbieren häufiger als Frauen, schwelgen fast doppelt so oft in sexuellen Fantasien und malen sich weitaus vielfältigere Praktiken aus. Dagegen bereiten etwa Gedanken an sadistische Überlegenheit, verbunden gar mit einer Gefährdung des Sexpartners, nur wenigen Frauen Lust.

Überdies wünschen sich Männer durchschnittlich mehr als 60 Liebhaberinnen im Leben, Frauen dagegen erhoffen sich nur drei bis vier Sexpartner.

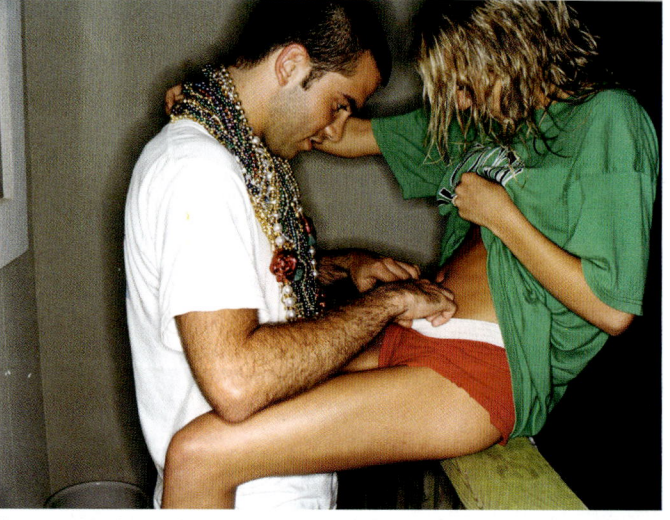

Frauen wünschen sich vier Liebhaber im Leben, Männer gar 60 Partnerinnen

GEOkompakt: *Herr Dr. Roth, wie kommt es zu Sexsucht?*
Kornelius Roth: Die Suchtentwicklung ist in erster Linie eine Folge der Lebensweise. Es ist nicht der Sex, der süchtig macht, sondern unser Umgang damit.

Als Auslöser spielen Einsamkeit und die Sehnsucht nach Liebe eine große Rolle. Zugleich fällt es Sexsüchtigen oft schwer, Zuneigung anzunehmen. So kann die Suche nach sexuellen Stimuli zum Lebensinhalt werden.

Betroffene verlieren die Kontrolle. Sie nehmen sich etwa vor, kurz auf eine Pornoseite im Internet zu schauen, kommen aber erst fünf Stunden später völlig erschöpft davon los.

Nach der Befriedigung schämen sie sich. Am Ende stehen bei Männern häufig Potenzprobleme, die bis zur Impotenz reichen können.

Wieso das?

Anfangs genügt es, einen nackten Körper zu sehen, damit das Belohnungssystem im Gehirn Luststoffe ausschüttet. Mit der Zeit müssen die Reize beim Süchtigen anhaltender und intensiver sein, um den gleichen Effekt zu erzielen. Schließlich reagiert das Gehirn mit einer Art Blockade: Es kommt zu keiner Erregung mehr.

Der Arzt Dr. Kornelius Roth behandelt in Bad Herrenalb Menschen mit Sexsucht

Wie viele Menschen leiden unter Sexsucht?

In Deutschland sind vermutlich etwa eine halbe Million Erwachsene betroffen. Früher waren meine Patienten in der Regel Männer zwischen 40 und 60, meist geschieden und standen vor dem Nichts. Jetzt kommen auch Jüngere, etwa Studenten, in Behandlung. Sexsucht nimmt nach meiner Beobachtung zu und wird von den leicht verfügbaren pornografischen Angeboten im Internet befördert.

Welche Formen kann die Sucht annehmen?

Die süchtige Sexualität beinhaltet meist beziehungsferne Sexualitätsformen wie Masturbation, Pornografiekonsum, One-Night-Stands, anonymen oder bezahlten Sex. Wenn Betroffene in einer Beziehung leben, weiß der Partner meist nichts von dem Problem.

Wie gehen Sie bei einer Therapie vor?

Oft steht am Anfang eine Periode der sexuellen Totalabstinenz. Ist jemand beispielsweise internetsexsüchtig, dann sollte er seinen Online-Anschluss abmelden. Die Enthaltsamkeit dient der Regeneration des Belohnungssystems, von dem ich vorher sprach. Danach ermutige ich Betroffene, eine gesunde Sexualität aufzubauen und an den eigentlichen, nichtsexuellen Problemen, die der Sucht zugrunde liegen, zu arbeiten.

Über die Ursache dieser ungleichen Dosierung sind sich Wissenschaftler bis heute uneins.

Manche betonen die physiologische Macht der Hormone (siehe auch Seite 150). Andere vermuten, die gesellschaftliche Stellung der Frauen beeinflusse deren Libido – die vorherrschende Kultur dämpfe die weibliche Lust geradezu, etwa durch Verherrlichung der vorehelichen Jungfernschaft in einigen Religionen.

Auch das Erbgut könnte erklären, weshalb menschliche Individuen unterschiedlich häufig auf Sex aus sind: Eine Forschergruppe um den Jerusalemer Wissenschaftler Richard Ebstein entdeckte kürzlich eine Genvariante, die besonders häufig in der DNS von Menschen mit großem Begehren vorkommt.

Doch offenbar sind die Erbanlagen je nach Alter unterschiedlich aktiv. Denn klar ist: Die Maßlosigkeit der Triebe ist ein Phänomen der Jugend.

Männer sind mit 20 Jahren am begierigsten – Frauen dagegen zwischen dem 25. und dem 35. Lebensjahr. Junge Paare im Alter von 19 bis 24 Jahren schlafen im Schnitt 11,7-mal im Monat miteinander, 30- bis 34-Jährige nur noch 8,5-mal (bei diesen Zahlen haben die Forscher alle möglichen Einflussfaktoren schon herausgerechnet – etwa, wie lange die Paare bereits zusammen sind).

Mit zunehmendem Alter sinkt die Zahl sinnlicher Begegnungen weiter. Die Studien zeigen allerdings: Lust und Befriedigung beim Sex verebben nicht im gleichen Ausmaß. In vielen Fällen wachsen sie sogar – denn mit den Jahren nimmt auch die Gelassenheit zu.

Das kommt vor allem Frauen zugute: Je länger und intensiver sie Lustgefühle erleben, desto älter werden sie – das haben mehrere Untersuchungen ergeben.

Und noch etwas haben Forscher herausgefunden: Häufiger Sex reduziert Herzkrankheiten und das Krebsrisiko. □

Ein Leben ohne Libido

Asexualität

Manche Menschen wollen keinen Sex und nennen sich selbstbewusst „asexuell". Lange glaubten Forscher, jeder suche nach körperlicher Liebe. Bei Menschen, die dies nicht täten, werde die Libido, so vermuteten sie, durch psychische oder körperliche Leiden oder gesellschaftlichen Zwang unterdrückt. Doch allmählich wandelt sich das Bild: Möglicherweise ist Asexualität eine ebenso natürliche Form der sexuellen Orientierung wie Hetero-, Homo- oder Bisexualität. 195 von 18 000 Befragten in Großbritannien gaben an, dass sie sich „noch nie von einem Menschen sexuell angezogen fühlten". Das aber bedeute nicht zwangsläufig, dass diese Menschen auch kein Interesse an einer tiefen emotionalen Beziehung haben, betont das Netzwerk „Aven", die größte Interessengemeinschaft der Asexuellen.

WO DIE LUST IM HIRN ENTSTEHT

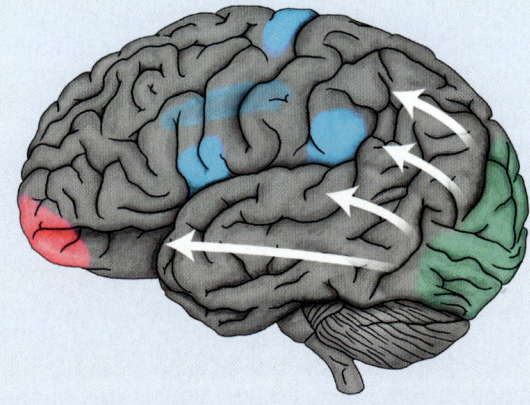

Wenn ein Mensch erotische Bilder betrachtet, leitet der Sehnerv die visuellen Reize zur Sehrinde (grün). Dort werden die Informationen verarbeitet und gelangen auf bisher nicht bekannten Wegen in weitere Hirnareale. Unter anderem bewirken sie, dass die Aktivität im *Gyrus rectus* (rot) abnimmt – einem stirnnahen Bereich, der sexuelles Verlangen hemmt. Erst dadurch, so vermuten Forscher, kann überhaupt Erregung entstehen. Die Aktivität in jenen Bereichen der Großhirnrinde (blau), die Bewegungsabläufe vorbereiten und die Fantasie anregen, steigt hingegen an.

Was die biochemischen Botenstoffe anrichten können, zeigt der Fall der früheren DDR-Sportlerin Heidi (heute Andreas, o. l.) Krieger: Ihr wurde unter anderem in hohen Dosen leistungssteigerndes Testosteron gespritzt

Die Macht der Hormone

In winzigen Mengen strömen Botenstoffe durch den Körper und steuern die Sexualität

Die meisten Männer fühlen sich nach dem Sex angenehm schläfrig, sie brauchen erst mal eine Pause. Frauen dagegen empfinden zuweilen ganz anders – sie sind hellwach und voller Leben. Eine heimliche Macht trennt die Liebenden: die Hormone.

In fast jeder Situation lenken die molekularen Botenstoffe die Geschlechter. Manche dieser körpereigenen Drogen wirken binnen Sekunden – für die männliche Erektionspause nach dem Gipfel der Lust etwa sorgt vermutlich das besänftigende Prolaktin.

Andere Hormone entfalten ihre Kraft ganz allmählich, über Jahre. Sie prägen geschlechtsspezifische Eigenheiten, den reifenden Körper oder spätere Lebensphasen, etwa die Wechseljahre.

Wie viele und welche dieser chemischen Stoffe durch den Körper wandern, bestimmt bei der Frau wie beim Mann zumeist der Hypothalamus. Diese Hirnregion verarbeitet Nervensignale und stößt unter anderem die Produktion von Hormonen an.

Die Botenstoffe docken stets an bestimmte Körperzellen an

Testosteron lässt Bärte sprießen und Muskeln wachsen

und lösen dort chemische Prozesse aus – lassen die Adern im Penis erschlaffen, die Wangen beim Flirt erröten, den Herzschlag beim Kuss in die Höhe schnellen.

Vermutlich orchestrieren nur ein Dutzend der rund 150 bekannten Hormone die Liebe. Sie zirkulieren im Blut von Männern und Frauen in sehr verschiedenen Mischungen. Schon im Mutterleib erhalten männliche Föten zeitweise zehnmal höhere Dosen des Hormons Testosteron als weibliche. Später produzieren Männer in den Hoden noch größere Mengen des Moleküls, das bei Jungen unter anderem die sekundären Geschlechtsmerkmale ausbilden lässt. Zugleich moduliert Testosteron Empfindungen und Handeln – etwa Aggressivität, sexuelles Verlangen und womöglich männliches Dominanzverhalten.

Der britische Psychologe Simon Baron-Cohen vermutet gar: Schon vor der Geburt bewirke ein hoher Testosteron-Spiegel, dass ein Gehirn später eher systematisch arbeite – sich also eher für technische Abläufe als für Beziehungen interessiere. Je weniger Testosteron dagegen den Körper im Mutterleib durchflossen hat, desto sensibler reagieren Menschen, desto besser können sie die Sichtweisen anderer nachempfinden, etwa ihrer Partner.

Tatsächlich fand Baron-Cohen in einer Studie entsprechende Hinweise: Jungen, deren Körper besonders viel vorgeburtliches Testosteron produziert, interessieren sich schon früh für Spielzeugautos oder Werkzeuge, während Mädchen lieber „Schule" oder „Familie" spielen und Kontakte zu Mitmenschen suchen.

Statt des Testosterons führen bei Frauen vor allem Östrogene die Regie. Im Alter von zehn bis zwölf Jahren beginnen die Eierstöcke, diese Hormone zu produzieren. Sie regulieren die Entwicklung der Geschlechtsmerkmale und lassen Frauen Schmerzen intensiver empfinden als Männer. Außerdem lenken sie in einem

Die Männerhormone veränderten den Körper der ohnehin transsexuell veranlagten Kugelstoßerin. 1997 ließ Heidi Krieger ihr Geschlecht umwandeln

GEOkompakt: *Frau Dr. Beckermann, rund 1,2 Millionen Frauen im Alter von etwa 50 Jahren nehmen Hormonpräparate ein. Was sollen diese bewirken?*

Maria Beckermann: Nach der letzten Regelblutung verändert sich der Hormonhaushalt des weiblichen Körpers. Die Menge von Östrogenen etwa nimmt ab. Bis vor wenigen Jahren glaubten Mediziner deshalb, es sei sehr gesund für Frauen, diesen Verlust mit Präparaten auszugleichen. Die zusätzlichen Hormone sollten vor Herzgefäßerkrankungen schützen, den Alterungsprozess verlangsamen oder die geistigen Fähigkeiten erhalten.

Die Medizinerin Dr. Maria Beckermann ist Spezialistin für Frauenheilkunde in Köln

Würden Sie eine Hormontherapie empfehlen?

Eine große Studie mit 16 000 Probandinnen hat 2002 gezeigt, dass eine solche Behandlung die in sie gesetzten Erwartungen nicht erfüllt, sondern im Gegenteil oft gefährlich ist. Die Hormone erhöhen das Risiko für Schlaganfälle, Brustkrebs, Venenthrombosen und Gallenwegserkrankungen.

Warum verschreiben Ärzte dann weiterhin millionenfach Hormontabletten?

Die Medikamente können Hitzewallungen und Schweißausbrüche lindern – typische Wechseljahrsbeschwerden, die manchen Frauen sehr viel Kraft rauben. Eine Hormontherapie sollte immer so niedrig dosiert sein wie möglich – und kurz, also im Durchschnitt sechs Monate.

Kann eine solche Therapie auch die Libido beeinflussen?

Einige Hormone haben vermutlich einen Einfluss auf die Lust – zum Beispiel Testosteron oder Prolaktin. Davon produziert der Körper aber auch jenseits der Wechseljahre noch genug, um die sexuelle Funktion aufrechtzuerhalten.

Die verbreiteten Hormonpräparate helfen also nicht, die sexuelle Lust zu bewahren?

Bisher hat keine Studie gezeigt, dass eine Hormonbehandlung die Libido steigert. Allerdings können die Östrogene vaginale Trockenheit lindern. Dieses Symptom der Wechseljahre kann geradezu ein Lustkiller sein.

Was können Frauen tun, wenn sie die Risiken einer Hormonbehandlung nicht in Kauf nehmen wollen?

Frauen, die viel Sport treiben, in die Sauna gehen, wenig Alkohol, Kaffee und scharfe Gewürze zu sich nehmen, leiden weniger unter Wechseljahresbeschwerden. Eine Frau, die dagegen jeden Abend nach einem anstrengenden Arbeitstag zwei bis drei Glas Wein trinkt, und glaubt, mit Hormontabletten ihre körperlichen Probleme lösen zu können, tut sich sicherlich keinen Gefallen.

Kristallines Oxytocin

Ein Stoff, der Stress abbaut

Lange war Oxytocin vor allem als Hormon bekannt, das die Geburt einleitet. Heute wissen Forscher, dass es viel mehr bewirkt: Das Molekül – auch „Kuschelhormon" genannt – stimmt uns sanft und vertrauensvoll, vermindert Ängste und sozialen Stress, senkt Blutdruck und Herzschlagrate. Bereits leichter Körperkontakt kann die Produktion dieses Botenstoffs fördern – beim Sex erreicht sie Höchstwerte. Vor allem für Frauen gilt dann: Je mehr Oxytocin, desto größer der Genuss. Tierexperimente konnten gar zeigen, dass Lebewesen mit viel Oxytocin im Blut besonders treu sind.

komplizierten chemischen Zusammenspiel den Menstruationszyklus, der den Frauenkörper alle rund 28 Tage auf eine mögliche Schwangerschaft vorbereitet.

Auch der männliche Körper kommt nicht ohne Östrogene aus:

Er produziert davon kaum ein Viertel so viel wie der weibliche – doch ohne diese „Frauenhormone" könnte sich etwa das Skelett nicht gesund entwickeln. Nehmen die Östrogene beim Mann aber überhand, flaut seine sexuelle Lust ab.

Wie mächtig die Botenstoffe sind, zeigt die Dopingpraxis in der früheren DDR. Vielen Sportlern wurde leistungssteigerndes Testosteron gespritzt – manchmal mit dramatischen Folgen. So erhielt die Kugelstoßerin Heidi Krieger so hohe Dosen, dass sie sich fremd fühlte im eigenen Körper – so fremd, dass sie sich 1997 zum Mann umoperieren ließ.

Während bei Männern mit zunehmendem Alter die Testosteronmenge nur allmählich abnimmt, sinkt die Östrogenausschüttung bei Frauen zwischen dem 40. und 50. Lebensjahr und nach der letzten Regelblutung deutlich. Erhöhte Reizbarkeit, Appetitmangel oder Schlaflosigkeit können diese Wechseljahre begleiten.

So unterschiedlich die hormonellen Regenten Männer und Frauen beeinflussen – manchmal arbeiten die Botenstoffe beider Geschlechter auch im Gleichtakt. In der berauschenden Ekstase der Verliebtheit etwa nimmt im männlichen wie weiblichen Blut für kurze Zeit der Gehalt an Cortisol zu. Dieses Stresshormon versetzt den Körper in aufmerksame Spannung, kurbelt Fett- und Zuckerstoffwechsel an. Gehirn und Muskeln funktionieren optimal, wenn Mann und Frau zueinanderfinden. Umgekehrt sinkt der Spiegel des Botenstoffs Serotonin im Blut bei beiden Geschlechtern – ein Phänomen, das vor allem von Patienten mit einer Zwangsstörung bekannt ist.

Es scheint gar, als wollte die Natur die Unterschiede zwischen den Geschlechtern für einen Moment ins Gegenteil verkehren: Während die Menge des Lustantreibers Testosteron bei ihm abnimmt, steigt sie bei ihr merklich an. Der verliebte Mann wird also für kurze Zeit ein wenig weiblicher, die Frau etwas männlicher. □

DIE HORMONDRÜSEN DES KÖRPERS

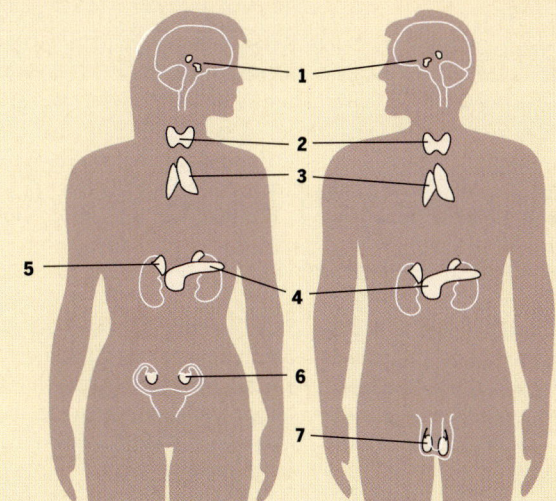

Spezialisierte Gewebe produzieren in Männer- und Frauenkörpern Dutzende unterschiedlicher Hormone – etwa Hypothalamus und Hirnanhangdrüse (1), Schilddrüse (2) und Thymus (3), Bauchspeicheldrüse (4) sowie Nebennierenrinde und -mark (5). Eierstöcke (6) und Hoden (7) schütten vor allem Östrogene und Testosteron aus, die die Unterschiede zwischen den Geschlechtern prägen.

Um den weiblichen Orgasmus ranken sich viele Mythen: Forscher streiten über seinen biologischen Zweck

Sekunden der Seligkeit

Mit einem süßen Hochgefühl verlockt die Natur zur Fortpflanzung: dem Orgasmus

Für manche ist er „der kleine Tod": Für einen Augenblick lässt der Orgasmus alles vergessen, raubt einem die Sinne – zumindest den Frauen, wie der Neuro-

Frauen lassen sich nicht so leicht erregen wie Männer

wissenschaftler Gert Holstege von der Universität Groningen nachgewiesen hat.

In seinem Labor befriedigten Männer und Frauen jeweils ihre Partner mit den Händen. Zugleich verfolgte Holstege über einen Hirnscanner die Aktivität ihrer Nervenzellen.

Mit erstaunlichen Ergebnissen: Weite Bereiche des weiblichen Gehirns sind im Moment der Ekstase nahezu lahmgelegt. Als würde das Denkorgan kurzzeitig nicht mehr funktionieren.

Während des Orgasmus, so scheint es, sorgt das Hirn dafür,

dass sich Frauen uneingeschränkt der Empfängnis hingeben. Ihr Körper entspannt sich so sehr, dass sie keine Angst mehr empfinden und auf Kontrolle und Vernunft nahezu verzichten.

Im Gegensatz dazu beobachtete der Wissenschaftler bei Männern geradezu ein Feuerwerk von Nervensignalen: In den Hirnarealen für Bilder, Farben, Formen und Bewegung stieg die Aktivität rasant an. Zudem schüttet das sogenannte Belohnungszentrum

im Gehirn das Hormon Dopamin aus – ein natürliches Aufputschmittel, das den Körper ähnlich wie Heroin stimuliert.

Diese impulsive Anstrengung des maskulinen Gehirns ist für Sexualwissenschaftler kaum verwunderlich: Die Aussicht auf den beglückenden Höhepunkt spornt an, sich auf die Suche nach einer Frau zu machen.

Die Flut berauschender Reize ist gleichsam ein Trick der Natur, um Männer zur Fortpflanzung zu verlocken.

Meist sind es geringere sexuelle Stimuli als bei Frauen, die Männer in lustvolle Stimmung versetzen. Ihr Blutdruck schnellt in die Höhe, der Puls steigt an, die Pupillen weiten sich.

Doch erst beim äußersten Hochgefühl vermögen sich die Muskeln von Samenleiter, Samenblase und Prostata zusammenzuziehen – um schließlich die Samenflüssigkeit mit rund 17 Kilometern pro Stunde aus dem Penis zu katapultieren.

Auf dem Gipfel der Lust ist der Druck zu ejakulieren gar derart hoch, dass der Mann den Samenerguss nicht mehr zurückhalten kann. Sexualforscher sprechen von der „ejakulatorischen Unvermeidbarkeit".

Beim gemeinsamen Liebesspiel schüttet das Gehirn Dopamin aus – ein natürliches Aufputschmittel

Intensive Lust und Fortpflanzungserfolg sind beim Mann also untrennbar verbunden.

Über den biologischen Zweck des weiblichen Orgasmus spekulieren Forscher dagegen bis heute: Denn damit ein Spermium eine Eizelle befruchtet, muss die Frau

GEOkompakt: *Frau Dr. Brandenburg, Millionen Frauen haben Schwierigkeiten, zum Orgasmus zu kommen. Lässt sich das auf ein Leiden zurückführen?*

Ulrike Brandenburg: Organische Ursachen sind selten. Bei Darm- oder Becken-Operationen kann es aber vorkommen, dass der Chirurg Nervenbahnen verletzt, die stimulierende Impulse ans Gehirn leiten. Auch Beruhigungs- und Schlafmittel können erregungsmindernd sein. Frauen, die etwa regelmäßig Psychopharmaka einnehmen, berichten oft, dass der Höhepunkt plötzlich ausbleibt.

Die meisten Frauen aber haben dann ein Problem, wenn ihr Partner erwartet, dass sie beim Sex unbedingt einen Höhepunkt erreichen. Sie setzen sich unter Druck, sind zunehmend gestresst – und verspannen.

Um sexuell erregt zu werden, ist es für Frauen aber besonders wichtig, sich fallen zu lassen. Wenn sie sich selbst befriedigen, vermögen viele Betroffene zwar Orgasmen zu erleben. Doch sobald sie sich einem Partner hingeben sollen, fühlen sie sich wie gelähmt.

Wann sollten Frauen zur Sex-Therapie gehen?

Wenn die Probleme über Monate anhalten und sich zudem ein persönlicher Leidensdruck aufbaut. Manchmal reichen bereits

Dr. Ulrike Brandenburg leitet eine Praxis für Paar- und Familientherapie in Aachen

zwei, drei Beratungsstunden, um der Betroffenen zu helfen.

Wie verläuft eine solche Behandlung?

Ich frage meine Patientinnen, welche sexuellen Praktiken sie bisher ausprobiert haben. Viele Frauen wissen gar nicht, wie sie ihre Erregung beeinflussen oder verstärken können. Manche kennen ihre Intimzonen gar nicht, haben etwa ihre Klitoris noch nie gesehen.

Ich ermutige die Betroffenen dann, sich mit Körperübungen selbst zu erforschen, sich ohne Scheu mit ihren Genitalien zu beschäftigen. Ich rate ihnen, ihre Vagina zu streicheln, zu massieren, im Spiegel zu betrachten.

Wichtig ist, dass jede Frau herausfindet, was sie individuell stimuliert und welche Fantasien ihr helfen, sich ihrem Partner zu öffnen. Vor allem sollten sich Frauen immer wieder klar machen, dass ein orgiastisches Finale beim Sex kein „Muss" ist.

Wie hoch ist der Erfolg einer Therapie?

Wenn der Partner mit in die Gespräche einbezogen wird, gelingt es uns, rund 70 Prozent aller Orgasmusschwierigkeiten zu beseitigen.

---

ja nicht unbedingt einen orgiastischen Rausch erleben.

Noch im 19. Jahrhundert wurde Frauen in Europa oft abgesprochen, überhaupt einen echten Orgasmus erleben zu können. Heute ist das unbestritten, aber weshalb gibt es den femininen Höhepunkt?

Für den US-Anthropologen Donald Symons ist der Orgasmus der Frau lediglich ein uraltes Ne-

benprodukt der Evolution, physiologisch so nutzlos wie die Brustwarzen des Mannes.

Andere Wissenschaftler vermuten, der weibliche Höhepunkt könnte die Befruchtung erleichtern: Vaginalwände und Beckenmuskeln ziehen sich beim Orgasmus in einem Rhythmus von etwa 0,8 Sekunden zusammen – bis zu 15-mal hintereinander. Die Kontraktionen könnten den männlichen Samenfäden helfen, die Gebärmutter leichter zu erreichen.

Eine besonders zuverlässige Erfindung der Natur wäre dies jedoch nicht: In einer umfangreichen britischen Studie gaben nur 14 Prozent der befragten Frauen an, beim Geschlechtsverkehr immer zum Höhepunkt zu kommen. 16 Prozent gelangen nie zum Orgasmus, 32 Prozent nur jedes vierte Mal.

Denn Frauen lassen sich beim Liebesakt nicht so leicht erregen wie Männer: Der Ausgangspunkt des weiblichen Orgasmus, die Klitoris, liegt relativ weit von der Scheidenöffnung entfernt – bei der Penetration wird sie deshalb nicht unbedingt stimuliert.

Aus biologischer Sicht lässt sich dies einfach erklären: Würden Frauen den Gipfel der Lust so einfach erreichen wie Männer, wäre der Erfolg der Befruchtung gefährdet. Womöglich würde

sich die Frau abwenden, bevor der Mann zum Samenerguss käme.

Doch obwohl der gemeinsame Orgasmus von Zeit zu Zeit ausbleibt, lockt das Verlangen danach die Geschlechter immer wieder zueinander: Selbstbefriedigung kann den Glückstaumel zu zweit offenbar nicht ersetzen.

Zwei Forscher haben dafür auch eine wissenschaftliche Erklärung gefunden. Sie verglichen

den Hormonspiegel von Männern und Frauen nach Masturbation und Koitus. Das Ergebnis: Nach dem gemeinsamen Liebesakt zirkuliert im Blut beider Geschlechter 400 Prozent mehr Prolaktin – eine körpereigene Droge, die für Befriedigung und Wohlgefühl sorgt.

Eine Belohnung also für den gemeinsamen Sex – und die Mühe der Fortpflanzung. □

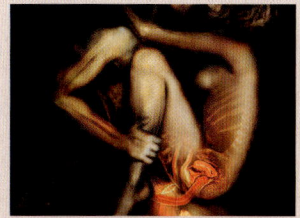

Mann und Frau beim Liebesakt

Zwei Wege zum Glück

Sigmund Freud postulierte: Frauen erreichen den Höhepunkt auf zweierlei Weise – vaginal oder klitoral. Die berühmte Behauptung ist umstritten, doch im Jahr 2002 zeigte eine Studie zumindest: Die Stimulation der Genitalien erreicht das Gehirn auf zwei Wegen – klitorale Reize leitet das Rückenmark weiter, vaginale zusätzlich der Vagusnerv. Dieser verläuft über innere Organe zum Gehirn.

MÄNNER UND FRAUEN IM LUSTRAUSCH

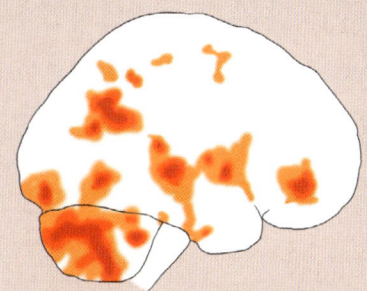

Erlebt der Mann (links ein Hirnscan) einen Orgasmus, steigt die Durchblutung in vielen Bereichen seines Hirns rasant an, etwa in jenen Regionen, die Luststoffe ausschütten

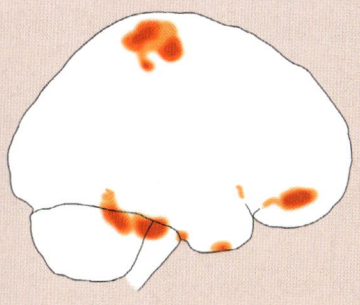

Beim weiblichen Orgasmus (rechts) werden andere und deutlich weniger Hirnregionen aktiviert als beim Mann – vermutlich deshalb ist bei Frauen der Höhepunkt mit einem starken Entspannungsgefühl verbunden

GEO**kompakt Nr. 21** erscheint am 2. Dezember 2009

Unser Sonnensystem

Wie es sich formte, woraus es besteht und weshalb es das Leben hervorbrachte

Das Sonnensystem ist unsere Heimat im All – und doch nur eine Insel im Nichts, gemessen an den ungeheuren Dimensionen der Milchstraße. Beträgt der Abstand zwischen der Sonne und dem Planeten Neptun gigantische 4,5 Milliarden Kilometer, so findet sich der nächste Stern erst in 40 Billionen Kilometer Distanz, fast 10 000-mal weiter entfernt. Nur die Planeten und das Zentralgestirn unseres Sonnensystems können wir daher intensiv beobachten und Messgeräte zu ihnen schicken.

Die neue Ausgabe von GEOkompakt lädt ein zu einer Reise durch die Welt dieser Gestirne. Reporter schildern, wie Raumspäher den Erdenmond umfassender als jemals zuvor erkunden, wie sie die Planeten Venus, Mars, Jupiter, Saturn erforschen und nach Hinweisen auf außerirdisches Leben fahnden –

zum Beispiel nach Wasser. Dass der Saturnmond Enceladus ein Wasserreservoir enthält, aus dem Geysire sprühen. Und dass es auf der Venus einst Wasser, Vulkane und eine Plattentektonik gab – wie auch auf der Erde.

Sie erklären, weshalb die Venus dennoch zu einer Schwefelhölle wurde, während sich ihre Schwester zum Blauen Planeten entwickelte – einem Ort, der Leben und sogar intelligente Bewohner hervorbrachte, die begannen, über sich selbst und ihre kosmische Heimat nachzugrübeln. □

> ### WEITERE THEMEN
>
>))) **MARS:** Wie der Rote Planet besiedelt werden könnte
>))) **SONNE:** Der gigantische Fusionsreaktor vor unserer Tür
>))) **PLUTO:** Weshalb er nun ein Zwergplanet ist
>))) **CASSINI:** Reise zu den geheimnisvollen Saturnmonden
>))) **VENUS:** Wie unsere Nachbarin zum Höllenplaneten wurde